COLLECTION FOLIO

Michèle Lesbre

Victor Dojlida, une vie dans l'ombre

Gallimard

© Sabine Wespieser éditeur, 2013.

Michèle Lesbre vit à Paris. Elle a publié notamment *Boléro* (2002), *Un certain Felloni* (2004), *La Petite Trotteuse* (2005), prix des libraires Initiales, *Le canapé rouge* (2008), prix Mac Orlan et prix des libraires Mille Pages, *Sur le sable* (2009), *Disparitions bucoliques* avec Gianni Burattoni (2010), *Un lac immense et blanc* (2011) et *Écoute la pluie* (2013).

Je suis ici pour avoir cassé la gueule à un boche le 9 mars 43 en gare de Poitiers à 3 h. du matin le jour de mon départ pour l'Allemagne comme volontaire forcé j'ai été condamné à mort le 13 mars à Poitiers je suis arrivé ici le 18-3 et je ne sais pas quand je sortirai je suis âgé de 23 ans et suis... courage à tous ceux qui passeront dans cette cellule

RENÉ D.
« La Biscotte » 8-6-44-1-8-44
Cellule 257.

HENRI CALET,
Les Murs de Fresnes, 1945

J'ai su ainsi très tôt, confusément, que vivre, c'était se battre.

CHARLIE BAUER,
Fractures d'une vie

Les morts dépendent entièrement de notre fidélité...

VLADIMIR JANKÉLÉVITCH,
Pardonner ?

À Clara

Victor, le 26 septembre 1989, à sept heures du matin, les portes de la prison de Poissy s'ouvraient pour toi, et la rue te rendait une liberté tardive... Quelques semaines après, le mur de Berlin tombait... Ah, les beaux jours de cet automne-là ! Car il faut bien que les portes s'ouvrent, que les murs s'écroulent, quand ils empêchent les hommes de vivre...

Tu quittais ce « grand navire immobile » qu'est la prison, comme l'écrivait Henri Calet visitant celle de Fresnes après la Deuxième Guerre mondiale pour y trouver trace de tous ceux qui avaient souffert en attendant les camps et la mort. Sans doute y a-t-il des murs sur lesquels, toi aussi, tu as gravé des mots que le temps engloutira, dans l'une de ces prisons où tu fus plusieurs fois transféré, comme en un sinistre Tour de France.

Nous avons été plusieurs à ressentir l'envie de faire avec toi le récit de ta vie, persuadés qu'elle portait en elle le courage de certains hommes et certaines femmes pendant la guerre, mais aussi les traces ineffaçables des trahisons dont tu fus victime, comme d'autres le furent. Nous avons tous été bouleversés par cette hargne qui te poussait à vouloir régler des comptes, jusqu'au bout, jusque dans tes derniers jours à Fontenay-sous-Bois, où j'allais te rendre visite.

Aujourd'hui, presque trois ans après ta mort, j'éprouve avec force le besoin d'évoquer notre rencontre et ce qui la rend si importante à mes yeux, car ton histoire se confond, d'une façon à la fois exemplaire et dramatique, avec tout ce qui fut la vie des immigrés dans la France de l'entre-deux-guerres. Ceux qui ont combattu pour la libération de la France occupée n'ont guère été remerciés, quand ils n'ont pas fait les frais de la xénophobie et, parfois, d'un cynisme absolu.

Il n'est pas question d'entreprendre sans toi ce qui n'a pu être fait avec toi, il s'agit simplement de mémoire, de celle qui nous concerne tous, que chaque individu porte en soi, et sans laquelle l'histoire de nos vies se déroulerait dans la nuit profonde. J'espère très sincèrement qu'en écrivant ces pages, je saurai rendre hommage à ton inextinguible et légitime colère.

Aujourd'hui, nous sommes le 26 février 2000. J'ai pris le train 55, à la gare de l'Est. Il va à Prague mais je changerai à Metz, pour Homécourt, Meurthe-et-Moselle. Dès la sortie de Paris, le train suit la Marne, trapue et boueuse. Pavillons résidentiels, jardins, embarcadères privés se succèdent, puis ce sont les champs et la banlieue plus lointaine.

La terre est lourde, je la connais, je l'ai traînée aux semelles de mes bottes il n'y a pas si longtemps, autour d'une maison en bord de rivière. Le Dolloir. Une brume bleutée flotte sur la campagne humide et engourdie. Il est tôt. Les arbres abattus par la tempête de décembre ressemblent à de grands corps épuisés.

Meaux, La Ferté-sous-Jouarre, Chézy-sur-Marne. J'ai une pensée émue pour le Dolloir, qui se jette dans la Marne tout à côté, pour le quartier des Roches à Chézy, pour la rue de la Houlotte, madame Hélène, le café de la place et ses patrons. Les histoires s'embrouillent à l'infini et le propos n'est pas d'évoquer la mienne, mais il se trouve que je la croise ici.

Après Château-Thierry, c'est le vrai voyage qui commence, celui qui me rapproche de mon sujet, car c'est à Homécourt, et nulle part ailleurs, que je dois commencer ce livre.

Partout la terre est saturée d'eau. Elle la vomit, une sorte de nausée qui lui viendrait aux lèvres, à cause des arbres couchés, vautrés sur elle, qui meurent et dont l'agonie menace de durer longtemps. Des champs de cadavres. Pourtant, elle en a vu d'autres, cette terre, d'autres cadavres, avec le sang et les larmes avant la mort, sur fond de musique de guerre.

Les citernes, les entrepôts, les camions alignés le long des voies ferrées, les casses, les maisons blotties contre les flancs d'une usine désaffectée me rappellent une lecture, *Paysage fer*[1], mais je ne verrai pas le dancing L'Évasion, en face de la prison d'Écrouves, près de Toul, parce que ce train ne suit pas tout à fait la même trajectoire, il ne passe pas à Nancy, il passe à Metz. Tout comme j'ignore si, dans ton périple carcéral, tu as connu les hauts murs d'Écrouves.

À Metz, un vent glacial balaie les quais de la gare. Je cherche la correspondance pour Homécourt, avant de me réfugier dans une salle d'attente. Il y a peu d'agitation, c'est samedi.

---

1. Roman de François Bon, édité chez Verdier.

La micheline arrive. Quelques voyageurs seulement. J'aime ces trains poussifs qui vous trimbalent et vous laissent vous perdre dans le paysage.

Le paysage, c'est, après Hagondange, une énorme usine immobile, une géante en apparence terrassée. Les boyaux métalliques courent encore dans la campagne, sans but, sans raison. Jusqu'à Rombas-Clouange, c'est la même désolation. Et c'est encore une autre usine, une autre épave, avec autour les cités, les jardins ouvriers qui semblent suffoquer sous la poussière, vestiges implacables d'un autre temps.

À Jœuf, je sais que mon arrivée est imminente. Je sais que Jœuf et Auboué sont proches de Homécourt. Je le sais parce que ces lieux étaient dans tous tes récits. Sur le quai de Jœuf, j'aperçois une affiche que j'ai le temps de lire au passage du train :

SLEEPY HOLLOW
CASINO, 21 HEURES

Il n'y a pas que les histoires qui s'embrouillent, le temps aussi fait des siennes. Il mélange le passé et le présent. Il y a soixante ans, en février 1940, sans doute aurais-je vu, ici ou là, quelques images identiques, quelque arbre alors naissant et encore debout dans la campagne d'aujourd'hui. Mais, à cette époque, la même campagne vivait dans la rumeur des usines, leurs fumées et leurs crachotements et, lorsque les gueules noires surgissaient du Fond de la Noue, le polonais et l'italien étaient la rumeur des hommes.

Ce matin, le train traverse un champ de ruines.

La gare de Homécourt est pour ainsi dire fermée. Pas de guichet, ni d'employés affairés. Elle ressemble à d'autres vestiges d'un improbable passé. Pourtant, un alignement d'hôtels juste en face le confirme, il fut un temps où les voyageurs se pressaient sur les quais et aux guichets, un temps pour le commerce, les rendez-vous d'affaires, les embrassades et les amours à l'hôtel de la Lorraine, qui a plutôt belle allure.

Sur le terre-plein, un homme m'attend. Il fait partie des gens qui ont créé *Pagus Orniensis*, la revue de l'association Mémoire du pays de l'Orne, vieille de dix ans, qui se veut la mémoire collective de Homécourt et de ses environs. Lorsque j'ai pris contact, je n'ai pas précisé les raisons exactes de mes recherches. Je le fais aujourd'hui puisqu'il me pose la question : Victor Dojlida.

L'homme à qui je parle te connaissait un peu. Vous n'alliez pas à la même école, mais il arrivait que vous fassiez un bout de chemin ensemble, avec d'autres gamins du même âge. Il ajoute qu'il y a de singuliers hasards, me tend *Le Républicain lorrain* daté du 25 février 2000, hier, et me montre la rubrique nécrologique, où je peux lire :

Nous apprenons le décès de Mme Dojlida, née Julia Koczan, à l'âge de 96 ans, à Homécourt. Née le 20 décembre 1904, à Klinewicze (Pologne), elle avait épousé Jean le 20 mai 1925 à Ochonowa (Pologne). Mme Dojlida est arrivée en France en 1929.

Elle a eu la douleur de perdre son époux le 20 janvier 1955, tout comme un de ses deux enfants, Victor en 1997. Elle vivait chez sa fille, Clara, épouse Parachini. Ses obsèques seront célébrées samedi 26 février à 14 h 30, en l'église Notre-Dame de Homécourt.

Avais-je raison de penser que ce livre ne pouvait commencer que si je faisais ce voyage ? Dans le regard de Julia, dont la photographie accompagne la nécrologie, je retrouve une de tes expressions, quelque chose qui vient de loin, d'un endroit qui n'a plus de nom, plus de frontières, que le temps a figé, pour toujours.

Je n'ose me joindre à la cérémonie de façon aussi impromptue, mais je reviendrai voir Clara.

Le 26 septembre 1989, dans le journal *Libération*, en page Société et avec le surtitre « Mouchards », Alice Jansen te consacrait toute la place[1]. Je découvrais ton existence, celle d'un homme qui, à soixante-quatre ans, était le plus vieux prisonnier de Poissy et sortait le matin même.

La façade de cette prison ressemble à ces demeures bourgeoises de province que les turbulences du monde ne sauraient atteindre. On peut lire sur une plaque commémorative :

À LA MÉMOIRE
DES RÉSISTANTS DÉTENUS
À LA MAISON CENTRALE
DE POISSY,
MORTS POUR LA FRANCE
1940-1944.

---

1. Alice Jansen, « Victor Dojlida, 64 ans dont 40 derrière les murs », *Libération*, 26 septembre 1989.

J'ignore la date à laquelle elle a été posée, et je me demande si tu l'as lue avec émotion.

Puis, on contourne le bâtiment et l'on découvre alors les miradors et les barreaux. Ce décor, qui aura été celui de ton premier jour d'incarcération, en 1949, et celui du dernier, Charlie Bauer en fait ainsi la description :

La maison centrale de Poissy est distante d'une trentaine de kilomètres de Fresnes. Sur son site actuel s'élevait une abbaye du douzième siècle, certaines dépendances sont encore d'époque. Est-ce un hasard si la Révolution de 1789 a aménagé bon nombre de monastères et d'abbayes en prisons ! De nos jours beaucoup sont encore en service. D'autres furent construites à la fin du siècle dernier au lendemain de la Commune de Paris ; Poissy fut de celles-là, c'est dire si, dès l'abord, l'endroit est lugubre, par l'obscurité des locaux, de l'architecture. Un outrage fait au soleil.

À sept heures du matin, sur la place Émile-Duployé, il était bien tard pour commencer une vie nouvelle. L'autre, ta vraie vie, n'était pas sans allure, mais quelle galère ! Les « mouchards » l'avaient bel et bien saccagée, en ce temps où la délation, la trahison et la collaboration s'épousaient odieusement.

La machine à écrire de Marcel Paul dans tes bagages, tu avais les larmes aux yeux pour confier à la journaliste : « Vous voyez pas que je suis fini ? »

Un instant de désarroi, et le monde autour qui bouge, les gens qui vont et viennent, leurs vies organisées.

Toi, avec toute la mémoire accumulée, la rancœur, le désespoir qui te taraudent et t'encombrent, sans doute éprouves-tu une fatigue immense, parce que tu sais que ces sentiments ne te quitteront pas. Ils te poursuivront sans répit. Une autre prison, plus insidieuse, plus assassine encore, s'il se peut. Mais ce jour-là, en lisant cet article, je ne voyais que la lumière, que la force de toute cette énergie sans cesse déployée pour vivre, revendiquer ce droit.

Ignorant ton assignation à résidence dans la région parisienne, je t'écris à Homécourt, où tu as filé pour voir ta mère, très vieille et presque aveugle. Votre dernière entrevue datait de 1976, au parloir de la prison de Metz ! Elle ne te reconnaît pas tout de suite, et, toi, tu ne trouves plus les mots russes pour te faire comprendre.

Rina, que tu croises, n'est plus tout à fait la même, tu le sais à l'instant où tu peux lire dans ses yeux tout ce temps mort entre vous, tout ce gâchis.

Tu réponds à la lettre un mois plus tard, le 29 octobre 1989, le temps qu'elle te trouve rue Alexandre-Parodi, à Paris. Sans doute estelle arrivée trop tard à Homécourt. Tu me confonds avec une ancienne connaissance de la Poterne des Peupliers, dans le XIIIe arrondissement où je résidais alors, une certaine Michèle, elle aussi.

Je te fais part de mon envie de travailler avec toi sur quelque chose de plus conséquent que les articles accompagnant ta sortie.

Pour illustrer le sien, Alice Jansen avait choisi une photographie datant d'avril 1945, quelques mois après ton retour de déportation. Je découvris plus tard que, d'une certaine façon, ce jeune homme-là persistait en toi, avec toute l'arrogance et la détermination qui t'avaient fait traverser le tunnel des prisons comme un bolide.

Tu avais appris ta libération conditionnelle un mois avant ta sortie, et n'en dormais plus. Quelle était cette liberté tapie derrière la porte ? À quoi pouvait-elle ressembler, après tant d'absence ? Quels pièges aurait-elle le vice de te tendre ?

Le 26 septembre 1989 au matin, à Poissy, il faisait beau, comme souvent en septembre quand l'été ne veut pas mourir. Un petit homme était là, ahuri sans doute, aux cheveux argentés, aux yeux ni bleus ni gris, trapu et fragile. Libre. Cinquante ans plus tôt, le 1er septembre 1939, Hitler avait envahi la Pologne, et la France mobilisait. C'était presque le début de cette longue histoire pour toi.

Rendez-vous fut pris, place de la Bastille, au bistrot du coin de la rue de la Roquette. On oublia de se donner quelques détails sur nos apparences respectives.

Je t'ai vu arriver au café convenu, et j'ai su tout de suite que c'était toi. Lunettes à lourde monture, pantalon pattes d'ef' et veste beaucoup trop près du corps. Tranquillement démodé, avec ce sourire figé des bouches qu'un dentier standard habite en force.

Nous nous sommes serré la main, et la conversation a commencé, sans gêne, très simplement. Je te connaissais déjà un peu, au fond. Toi, tu m'étudiais, l'air de rien.

Parfois, au détour d'une phrase désenchantée, ou d'une réflexion d'humeur sur les changements de tous ordres dans les villes d'aujourd'hui, tu me rappelais cet attachant personnage d'Albert Simonin, l'Élégant, qui, au sortir de prison, pestait contre les modernités inconcevables qui vous défigurent un quartier et bousculent les petites habitudes.

« Parce que les femmes payent maintenant ? » avais-tu déclaré dans un grand éclat de rire, en extrayant de ta poche quelques billets chiffonnés comme on pioche dans sa cagnotte, alors que je m'apprêtais à régler la note du restaurant où je t'avais amené, et qui n'existe plus aujourd'hui, juste à côté du théâtre de la Bastille.

J'aimais bien ces coquetteries d'un monsieur

qui n'avait pas renoncé à séduire. Je compris vite que tu te moquais bien de la compassion, que tu n'en avais nul besoin, qu'en aucun cas tu ne t'avouerais vaincu, qu'au bout du compte tu estimais avoir encore le temps de régler quelques factures en souffrance. D'un autre genre.

Nous prîmes donc l'habitude de rendez-vous réguliers, pour enregistrer le récit, entrecoupé d'anecdotes, que tu me faisais de ta vie. Un récit souvent cahoteux, non parce que tu avais des trous de mémoire, mais parce que tu le faisais au présent, comme si tout avait franchi la barrière du temps et se mélangeait dans une immédiate urgence.

C'est cela qui me semble intéressant dans les vies, les trous qu'elles comportent, les lacunes, parfois dramatiques. C'est peut-être dans ces trous que se fait le mouvement. Car la question est bien comment faire le mouvement, comme percer le mur, pour cesser de se cogner la tête, disait Gilles Deleuze dans *Pourparlers*.

Peut-être, aussi, ces longues années qui te séparaient de la guerre, de l'enfance, n'avaient-elles pas vraiment existé. Et c'était vrai d'une certaine façon, c'était un temps triché, qui aurait dû être décompté, qu'on aurait dû te rendre avec tes affaires personnelles avant que tu ne franchisses la porte cochère de Poissy, le 26 septembre 1989...

La plupart du temps tu venais chez moi, toujours ponctuel et enjoué. Après quelques échanges avec mon ami à propos de sa moto, de vitesse sur des routes imaginaires, de permis qu'il t'était facile de te procurer à Marseille (clignant de l'œil pour dire qu'à côté de ce monde dont tu te sentais exclu, en existait un autre, auquel tu avais accès, un monde solide, bien organisé), nous nous installions l'un en face de l'autre, le magnétophone entre nous, prêts à reprendre le fil de la séance précédente.

À mesure que nous avancions, je découvrais en toi un homme tellement martyrisé par tout ce qui l'avait conduit jusqu'à cette douleur de vivre qui t'accompagnerait toujours, qu'il me semblait presque vain d'avoir entrepris ce travail de mise en ordre, de reconstitution. Mais soudain j'étais persuadée du contraire, lorsqu'au milieu d'une phrase tu t'abîmais dans un profond silence.

Certaines séances étaient épuisantes, lorsque tu te perdais dans les anecdotes, que tu mélangeais les noms, les dates, que tu faisais de curieux va-et-vient dans le temps. Je devais te reprendre ou rectifier de moi-même, voire te couper la parole, ce que tu détestais.

Lorsque j'ai dû écouter à nouveau ces cassettes en commençant ce livre, grande fut l'émotion. Plusieurs années s'étaient écoulées.

Ta voix un peu caverneuse, ton rire éclatant qui s'essoufflait parfois faisaient surgir non seulement ces moments-là, où nous tentions de recoudre cette vie en lambeaux, mais aussi une étape de la mienne, un passé, ailleurs.

J'ai pensé à ce que je ressentais lorsque tu relatais ces premiers mois de la guerre, puis tes activités dans la Résistance, qui me ramenaient à un temps fort lointain, celui de ma toute petite enfance à Poitiers. Un temps où, moi aussi, j'entendais le bruit des bombes. Il y avait dans tes récits quelque chose de ma vie, quelque chose d'à peine perceptible mais qui me rapprochait de toi, à cause des ciels éclairés avant les bombardements, des sirènes, du claquement des bottes des soldats allemands, le soir, rue du Souci, lorsqu'ils patrouillaient dans la ville.

Je me souvenais de cette chansonnette que parfois nous les entendions, ma mère et moi, scander en français avec un fort accent : « Boulangère, faut pas s'en faire, les amours, ça va, ça vient… », et que je reprenais malgré son interdiction.

Sur ces images enfouies dans ma mémoire, tu courais vers le Fond de la Noue, tu desserrais les rails des trains du côté de Jarny, tu transportais des grenades dans la remorque des Swiderski, tu plongeais dans la Marne pour y cueillir un officier allemand en détresse, tu pleurais au fond d'un stalag parce que Stanis venait de mourir.

Plus je t'écoutais, plus je me souvenais des nuits passées dans la cave du petit immeuble de la rue du Souci, après l'alerte, avec tous les autres locataires. J'entendais le bruit feutré des pantoufles dans les escaliers et les murmures apeurés. Je me souvenais de juin 1944, je n'avais pas cinq ans et tu venais d'arriver à Dachau, la gare de Poitiers avait été bombardée et brûlée. Mon père m'avait prise sur ses épaules pour aller constater le désastre. Drôle d'endroit pour une promenade. Certes, je ne devais jamais l'oublier. La poussière et les gravats m'auraient engloutie s'il m'avait posée à terre. Un immeuble s'était effondré sous nos yeux. Sur les murs déchirés, fumants de plâtre et de ciment arrachés, nous pouvions encore déceler quelques traces des vies. Cette image d'un monde qui s'effondre, à un âge aussi tendre, m'a longtemps hantée. Très tôt je me suis demandé pourquoi ni mon père, ni quiconque de ma famille n'avait fait quelque chose pour empêcher cette horreur, tout comme aujourd'hui je ne suis pas fière de notre indifférence à d'autres guerres.

Je t'écoutais, j'étais cette enfant-là, la femme adulte aussi. Tu avais quatorze ans, l'âge en somme d'un grand frère. Cependant la pudeur, face à cette vie que tu me déroulais au fur et à mesure, ne me permettrait pas de te livrer quelques-uns de mes propres souvenirs, cela m'aurait paru déplacé. Je ne t'ai rien dit de ce parc Blossac, à Poitiers, où ma mère ne voulait plus m'amener de peur d'y croiser des Allemands, de cette nuit insensée dans la cave, lorsque la locataire du dernier étage était descendue avec son amant, un soldat ennemi, et qu'il s'en était suivi une scène d'une violence épouvantable, parce que certains voulaient le jeter sous les bombes et que d'autres s'y refusaient. De ce foulard que cette femme porta à la Libération et de son déménagement.

Ta colère et tes coups de poing au retour des camps, dans ce silence étrange après les bombes, le silence de la honte pour certains, des remords, de la lâcheté et du désespoir pour d'autres, avaient quelque chose de profondément rassurant, d'infiniment juste.

Si le plus souvent tu venais chez moi, il arriva qu'une ou deux fois ce fut l'inverse. Je me rendis à Aubervilliers. Tu occupais un studio pour lequel, je crois, le maire avait fait en sorte de faciliter tes démarches. Tu ignorais sans doute qu'Aubervilliers avait été autrefois le fief de Laval, sinon tu aurais été capable de refuser d'y vivre, même provisoirement.

La première fois que je découvris ce lieu, ce fut le choc. Rien ne signifiait qu'il était habité. On eût dit une cellule de prison, en tout cas un de ces endroits où l'on ne fait que passer, si possible, que rien ne saurait confondre avec un espace de vie.

Tu avais en quelque sorte reproduit un décor familier, vieux de quarante ans. J'en avais tout d'abord éprouvé de l'effroi, pour ensuite convenir que l'important n'était pas là. Comment croire que tu allais te mettre à construire un havre douillet et t'installer dans une quelconque douceur de vivre ? Quel sens pouvaient avoir ces mots ? Comment ne pas apercevoir, dans ce vide apparent, tes malles emplies de souvenirs que tu ne pouvais éliminer comme on met au rebut ces vieilleries qui embarrassent ?

Sur les murs déserts devaient se projeter sans cesse quelques images refoulées dans le silence des nuits et que le jour ravivait encore et toujours. Un interminable déroulement dont tu cherchais l'issue, une fin que tu voulais maîtriser à tout prix, que tu ne laisserais à personne le soin de choisir.

Dans ce studio où le moindre pas résonnait, où les voix semblaient venir d'ailleurs, et où le monde extérieur devenait hypothétique, il était difficile de travailler. D'une certaine façon, tu préférais toi aussi en sortir, sans pour autant l'exprimer. J'entendais cette petite phrase prononcée par toi à propos de ton voyage en Pologne : « J'étais pas d'là ! » et qui aurait pu s'appliquer à ce minuscule territoire, une île étrange dans un monde étrange.

Ce fut donc presque toujours chez moi que nous parlâmes, et pendant plusieurs mois. Pas toujours avec le magnétophone, comme si, peu à peu, au-delà du projet, se mettait en place une amitié affectueuse.

Nous nous donnions aussi rendez-vous à l'extérieur, dans des bars. Tu me racontais la vie que tu menais, les gens que tu rencontrais, les femmes surtout, les voyages que tu ferais, la voiture que tu achèterais, la moto que tu convoitais. Tout avait quelque chose d'un peu irréel, et je t'imaginais rentrant le soir chez toi, dans ce vide extrême où t'attendaient, au détour d'un cauchemar, quelques fantômes démoniaques.

Pourtant je ne t'ai jamais vu découragé, abattu, mais plutôt porté par une force immense, une superbe insolence, celle qui t'avait servi d'ange gardien jusque-là, qui ne t'avait jamais abandonné pendant toutes ces années d'enfermement.

Plus je te connaissais, plus ta vie me devenait familière, plus je mesurais à quel point elle illustrait ce pathétique anonymat des vies dites ordinaires et qui font le terreau des héros symboliques, de ceux dont les noms chargés de gloire émaillent notre histoire. Une vie dans l'ombre de ces figures emblématiques de la Résistance, du courage et de la détermination, une vie comme des milliers d'autres, inconnues, oubliées. Des héros très discrets. Des vies disparues.

Je me souviens de cette journée passée à l'annexe de la Bibliothèque nationale, à Versailles, où nous avions consulté ensemble ces journaux qui te mettaient dans tous tes états, *Le Républicain lorrain* et *L'Est républicain* des années 1948 et 1949. Nous y avions trouvé les articles concernant l'affaire de Sainte-Marie-aux-Chênes et ton procès, mais aussi les messages tragiques de gens qui cherchaient encore leurs disparus, des êtres aimés jamais revenus d'un camp, du STO[1], ou d'ailleurs. Ces quelques lignes, qui tentaient de donner un signalement, se détachaient du reste, comme écrites en rouge sur fond noir.

---

1. Service du travail obligatoire, établi par le régime de Vichy.

Si nous avons cessé de mettre un magnétophone entre nous, nous n'avons jamais cessé de nous voir, de nous téléphoner.

Les derniers mois, ceux de la maladie, n'avaient altéré ni ta rage, ni ta gouaille, ni ton énergie. Comme tu avais refusé de rester plus longtemps à l'hôpital où l'on t'empêchait de fumer, tu t'étais réfugié chez des amis attentionnés, qui auraient pu être tes enfants, qui en avaient l'âge, certains en tout cas, et qui en avaient aussi la tendresse. Je t'ai découvert là-bas, installé dans ton lit articulé, amaigri et bien essoufflé, tirant avec fureur sur des cigarettes interdites par la médecine que tu savourais en bravant la mort.

Dans ta chemise de nuit blanche, tu avais l'air d'un vieux gamin. Tu essayais de nouvelles lunettes apportées par l'un de tes protecteurs et tu lisais un ouvrage sur le docteur Petiot, en t'esclaffant au récit des méfaits du bonhomme.

Lorsque l'épuisement te réduisait au silence,

tu trouvais pourtant la force de murmurer des menaces à l'encontre des derniers « salopards » que tu n'avais pas encore eu le temps d'alpaguer, en leur promettant le pire, comme on veut s'acquitter d'un devoir avant de tirer sa révérence.

Tu avais le téléphone près de ton lit. Je t'appelais souvent, et j'entendais ta voix de plus en plus rauque à l'autre bout du fil, jusqu'à ce matin livide où personne n'a décroché.

Tout en écrivant ce texte, je cherche dans des livres ce qui va me parler de toi, et de toute cette époque sombre d'où tu viens. J'irai voir Clara à la fin de ce travail, mais avant je veux faire seule ce chemin depuis la Pologne des années vingt jusqu'à ce procès de 1948 qui va faire basculer ta vie.

Je révise un peu d'histoire, celle de ton pays. Quand Pilsudski, en 1918, proclame l'indépendance de la Pologne à Varsovie, beaucoup de Polonais sont alors dispersés en Europe et aux États-Unis. Certains se rapatrient. Très vite surgissent des problèmes d'emploi. Le régime fort installé par le même Pilsudski en 1926 s'avère incapable d'apporter une solution. La population misérable s'éloigne et vient chercher du travail dans le Nord de la France et en Lorraine, comme le fera ton père.

Cet exode ne trouble guère le gouvernement polonais, qui sans doute aime autant se débarrasser des mécontents, de toute une frange de militants qu'il poursuit, et parfois exécute, comme en 1925 ces trois membres du parti communiste, interdit : Hibner, Kniewski et Rutkowski.

Ton père participe à cette opposition, il est dans les manifestations, il se fait repérer. C'est une des raisons qui le décident à partir. Il le fera seul dans un premier temps, puis la famille suivra. Mais en France, au même moment, ce n'est pas facile non plus d'être à la fois militant et polonais. Les journaux engagés sont interdits les uns après les autres : *Robotnik Polski, Émigrant, Trybuna Robotnicza*. On expulse ces hommes et ces femmes issus des partis révolutionnaires du temps du démantèlement de la Pologne, et qui sont des gens rodés, déterminés, que rien n'effarouche.

C'est une époque où l'on fait grève par solidarité avec des ouvriers d'un autre pays. En 1926, pour avoir soutenu des grévistes anglais, Prawdziwy et Wicher sont expulsés de France.

En 1927, il y a cette affaire des « bandits polonais », qui va installer pour longtemps la méfiance, voire la xénophobie. Vingt ans plus tard, les journaux t'appelleront « le bandit polonais ».

La crise économique, qui commence à affecter tous les pays, exacerbe la peur des différences, le repli sur soi, la haine de l'étranger. C'est un refrain qui revient comme une sorte de fatalité, que nous entendons encore aujourd'hui dans certains discours politiques.

C'est dans ce contexte difficile que ton père arrive en France, puis, à sa suite, ta mère, ta sœur et toi. D'abord à Trieux, jusqu'en 1933, où la famille Dojlida et la famille Volta vont tisser des liens indéfectibles, se serreront les coudes pendant les mauvais jours.

Les Volta sont arrivés presque en même temps que vous, pour fuir le régime de Mussolini. Ils sont milanais, ont trois enfants dont des jumelles. Rina est ta préférée.

Tu disais qu'à Trieux il y avait surtout des immigrés, italiens et polonais, les seuls Français étant les cadres de la mine qui habitaient dans les hauteurs, les paysans et le maire. Si entre Italiens et Polonais on ne parle pas la même langue, on se comprend. Les vies et les problèmes sont identiques, la solidarité est nécessaire, vitale.

Les Italiens sont plus nombreux que les Polonais, et leur arrivée en Lorraine plus ancienne. Souvent naturalisés, les militants antifascistes se trouvent ainsi à l'abri des expulsions.

En 1932, Kostia, un mineur polonais, meurt sous un éboulement. Les conditions de sécurité sont lamentables au fond des puits. Aux obsèques de cet ouvrier obscur, plusieurs centaines de personnes se rassemblent. Sa mort symbolise la misère, la précarité, et la foule exprime la révolte digne de toute une population. Dans le cortège houleux, ton père et d'autres avec lui déploient un drapeau rouge sur le cercueil de ce compagnon défunt. Ils sont considérés comme des meneurs, et licenciés. Tu n'as alors que six ans.

L'émotion te submergeait lorsque tu racontais cet épisode, une émotion rageuse, mais quand tu évoquais la solidarité des Volta, qui nourrirent les deux familles pendant presque trois mois, il y avait de la tendresse dans ces souvenirs, une fidèle amitié.

En 1933, ton père trouve une place aux aciéries de Homécourt. Toute la famille va s'y installer, mais les Volta, eux, restent à Trieux. Tu feras souvent le trajet de Homécourt à Trieux pour retrouver Rina. « C'était fatigant, j'y allais pas tous les jours ! » précisais-tu, avec un petit sourire.

Rina, tu en parlais comme si ces années lointaines étaient un passé proche. J'avais souvent cette impression, à t'entendre, d'un perpétuel raccourci entre l'enfance, l'adolescence et les interminables années de réclusion tassant le temps comme on gomme une vie.

« Vivre, c'était se battre », écrivait Charlie Bauer. Vos deux enfances (malgré votre différence d'âge, et lui dans le quartier de l'Estaque à Marseille, toi entre la mine et les aciéries) ont sans doute eu en commun cet idéal des « lendemains qui chantent », cette envie absolue de justice, d'un autre monde, un rêve souvent trahi, et dont il ne reste rien aujourd'hui.

Il est bouleversant ce voyage à Homécourt, en plein hiver. À cause de toi, et parce que ce lieu où la mine et les aciéries étaient au centre de tout est maintenant inerte, terrassé par le chômage.

À la fin du XIXe siècle, Homécourt était encore une bourgade tranquille, mais, en 1899, la société Vezin-Aulnoye édifie une cité de deux cent quarante appartements en plein champ, de l'autre côté de l'Orne. Il va falloir loger le personnel de l'usine qu'elle construit au Haut des Tappes, et qu'elle cédera presque tout de suite à la Compagnie des forges et aciéries de la Marine et de Homécourt.

Les conditions de vie, dans ce quartier, sont des plus sommaires. Il n'y a pas d'eau courante, elle est distribuée par des pompes, lesquelles desservent plusieurs dizaines de logements chacune. On s'éclaire à la lampe à carbure ou bien au pétrole. Aucun système de chauffage n'est prévu, il faut se débrouiller. Il y a les jardinets, mais les familles sont nombreuses, et ils ne suffisent pas aux besoins des foyers, il faut aller cultiver les champs.

La main-d'œuvre étrangère afflue par trains entiers. Alors, la même société Vezin-Aulnoye décide la construction d'un hôtel des Ouvriers, conçu pour accueillir les célibataires, et situé près de la voie de chemin de fer. L'établissement est géré par les bonnes sœurs. Au rez-de-chaussée, une salle de réunion, une grande cuisine et une chapelle. À l'étage, les chambres. Plus tard, il sera converti en cantine de l'usine, et, lorsque celle-ci fermera définitivement en 1983, il fermera lui aussi.

Cette entrée massive de travailleurs immigrés pousse les industriels à s'organiser. En mai 1924, ils se regroupent dans une société de recrutement, la SGI (Société générale de l'immigration), qui achemine des trains remplis de main-d'œuvre bon marché.

Très vite le nombre de Polonais augmente de façon spectaculaire. Il arrive que certaines entreprises renvoient des Italiens, et les remplacent par ces nouveaux arrivants qui acceptent des travaux pénibles pour des salaires dérisoires. Les célibataires ont la préférence. Quant à la sidérurgie, elle accueille des familles entières venues de Pologne, avec instituteurs, prêtres et religieuses.

La cité construite à la fin du siècle précédent n'est plus suffisante pour loger tout ce monde.

Il faut bâtir en toute hâte d'autres logements. Comme le temps presse, on fait d'abord du provisoire, mais celui-ci durera quarante ans ! Des maisons de bois, au-delà des corons de la Petite-Fin, près du chemin de fer. Les travailleurs algériens ne furent-ils pas entassés dans des bidonvilles de la périphérie parisienne ?

C'est le quartier bien nommé des Baraques. Il n'y a pas non plus d'eau courante, ni d'électricité, ni de chauffage. Italiens et Polonais s'y installent ; les Polaks et les Macaronis, comme les surnomment les Français des quartiers plus favorisés.

Vous, c'est à la Petite-Fin que vous vous installez.

Le centre-ville n'est pas tout près, mais il y a les marchands ambulants. Dans la revue *Pagus Orniensis*, je peux voir la famille Nicolino poser devant la vitrine de son magasin. Arrivés au début du siècle, ils ont acheté une mercerie, l'ont agrandie, et leur commerce se promène dans les quartiers extérieurs.

Sur la photo, où toute la famille est alignée selon la mode de l'époque, le père Nicolino arbore son grand tablier à bavette. Deux des gamins portent fièrement le tablier d'écolier en satinette noire. As-tu connu l'un d'eux ? Combien de fois es-tu passé devant le numéro 35 de la rue Pasteur ?

Sans aucun doute as-tu croisé maintes fois la carriole et le cheval de monsieur Nicolino au cours de ces années-là, lorsqu'il accomplissait ses tournées quotidiennes, dans les cités de la gare, celle de la Grande-Fin, à Sainte-Marie-aux-Chênes, Coinville, Géranaux, à Auboué. Et puis les mines de Valleroy, les cités de Giraumont, celles du chemin de fer à Jarny, comme le raconte René Didon dans cette revue.

Tous ces noms, je les ai entendu prononcés par toi lors de nos entretiens, ils faisaient partie de ta vie, ils sont dans ma mémoire.

Le vendredi était la tournée la plus importante. Elle commençait très tôt. Par le chemin du Fond de la Noue, il fallait rejoindre la « route des pommes » et remonter jusqu'à Briey, avant de prendre la route d'Avril. René Didon écrit : « Il ne faisait pas très chaud. À Avril, les gens sortaient à l'appel de la trompe et faisaient leurs achats. »

La « route des pommes », Victor, t'en souviens-tu ? Et ce bruit plaintif de la trompe ?

Tu ne m'as pas parlé du pont de la Java, mais peut-on tout dire ? Toutes ces mille petites choses qui tissent la vie de chaque jour ? Je peux t'imaginer te baignant avec d'autres gosses dans le canal de dérivation, près des ruines du moulin abandonné en 1917, et détruit en 1926. Je t'imagine aussi au Tourbillon, au lieu-dit « la Titine », non loin du pont de chemin de fer, toi, le passionné de natation.

Et puis, tu as peut-être entendu le vieux monsieur Paci à l'accordéon, ou bien Pierre

Silistrini, qui semble avoir fait une brillante carrière. Dans ces années-là, tu n'étais qu'un gamin, tu n'avais pas l'âge d'aller au dancing. Ils étaient nombreux, à l'époque, très à la mode. As-tu jamais su danser, Victor ? As-tu amené ton amie de la Poterne des Peupliers dans les guinguettes du bord de Marne, pendant tes brefs mois de liberté ?

Aujourd'hui, la Petite-Fin n'est pas un quartier tranquille, c'est bien pire, il semble être dévitalisé, d'une mélancolie absolue. Avant, toute la vie tournait autour de la mine et de l'usine. Elles sont fermées depuis vingt ans, et, de l'usine, il ne reste rien. Seuls les jardins ouvriers sont encore là, accrochés aux maisons, et s'offrant au moindre rayon de soleil. Quelques forsythias en fleurs annoncent un nouveau printemps, en ce samedi 26 février 2000. Il fait beau, les cloches de Notre-Dame de Homécourt sonnent le glas. C'est la messe d'enterrement de Julia, et dans ces rues un peu mornes, je crois entendre la bande des « Indiens », sortant du cinéma Mondial Palace, cherchant à en découdre avec un adversaire improvisé, peut-être les « Gaulois », piaillant comme un vol de moineaux dans les chemins creux.

Je te vois, gamin, dans ce décor, bagarreur et entêté, sachant déjà que l'enfance est bien autre chose que cet univers prétendument innocent que l'on invente pour racheter l'ignominie des hommes.

Mais je te vois aussi dans un de ces trains misérables qui vous ont amenés en Lorraine. Les Polonais représentaient alors 80 % des immigrants. La SGI faisait des bénéfices fabuleux. C'était un énorme marché d'hommes ; de 1924 à 1930, son capital passe de 3,6 à 10 millions de francs !

En février 1929, l'année de votre arrivée, un agent polonais de l'Office d'émigration, Adam Koch, fait un voyage avec des convois de travailleurs acheminés en France. Je lis quelques lignes de ce qu'il écrit à ce propos, elles prennent le relais de souvenirs trop anciens pour toi, un peu flous. Tu n'as que trois ans.

Les convois en direction de la France partent toujours le soir et les émigrants doivent arriver la veille à Mysowice, de préférence la veille au matin. Or, cela ne dépend pas d'eux. Ceux que les horaires des trains amènent l'après-midi ou la nuit ne trouvent personne sur le quai. L'agent de la SGI préposé à l'accueil ne travaille que jusqu'à midi. Les voyageurs gagnent donc seuls les baraquements, proches de la gare mais difficiles à trouver dans l'obscurité, car le chemin qui y mène n'est pas éclairé. Comme les opérations de douche et de désinfection s'effectuent uniquement le matin, les retardataires se voient refuser l'accès aux dortoirs. Le portier les introduit dans des salles d'attente. Les femmes et les enfants s'étendent sur des lits en bois, sans matelas, à même la planche. Les hommes restent assis sur des bancs ou par terre. Telle est la situation en 1929. […]

Les premières années, les émigrants recevaient des vivres au départ, pain et saucisses, pour tout le trajet. À présent ils mangent chaud. […] Ce thé au rhum a bien été distribué, non pas une fois ou deux par exception mais régulièrement, en gare de Cheb, à la frontière entre la Tchécoslovaquie et l'Allemagne. On l'offre même aux enfants à partir de quatre ans, ce qui n'est pas très recommandé pour eux. Il faudrait le remplacer par une soupe qui coûterait à peine plus cher et nourrirait mieux. Certains voyageurs sont privés de mets liquides (soupe, thé, lait pour les bébés) parce qu'ils n'ont aucun récipient dans lequel les verser, la SGI pourrait les munir au départ de pots en fer-blanc[1]. »

Vous voilà donc en France, où vous souhaitez trouver refuge, tandis que la répression s'accentue contre les étrangers qui ont des activités militantes. Olszanski, par exemple.

Thomas Olszanski signe des articles dans *L'Humanité* et dans des périodiques polonais. Il est naturalisé. On l'accuse de porter atteinte à la sûreté de l'État. Il est déchu de la nationalité française.

Un comité de soutien se constitue (André Malraux, Paul Signac, Jean Guéhenno, Élie

---

1. In *Polonais méconnus*, Janine Ponty.

Faure, René Crevel, Eugène Dabit, Paul Nizan entre autres), et appuie sa demande de réintégration dans sa qualité de Français. Le Secours rouge international de Lille et la Ligue des droits de l'homme font aussi appel. Mais le 17 octobre 1934, il est reconduit à la frontière belge. Le pacte signé entre Berlin et Varsovie, les rivalités économiques, le renvoi des Polonais, autant d'éléments qui alimentent un climat xénophobe. Vous êtes les Polaks. D'abord à l'école, où il arrive que des bagarres prennent mauvaise allure.

« Un jour, au Mondial Palace, on était toute une bande à regarder un western. En sortant, on s'est appelés "les Indiens". La bande a fait carrière à Homécourt. Les Indiens, ce sont ceux qu'on pourchasse, les opprimés lointains, n'empêche, des frangins, qui parfois savent riposter avec ruse, cruauté même. Il y avait Attilio, Antonio, Edmond et d'autres. Il y avait aussi des filles, mais pas dans les bagarres. Pas la place des filles ! »

Jusqu'en 1924, aucune obligation scolaire n'est spécifiée dans les statuts des travailleurs étrangers. On pouvait en toute impunité employer des enfants dès qu'ils avaient douze ans, dans les mines en particulier.

Pour toi, qui arrives quelques années plus tard, c'est l'école. Même si les Polonais ont leurs prêtres et leurs instituteurs, ils ne refusent pas pour autant l'école française. C'est à Homécourt que tu entres au cours préparatoire, avec un an de retard, mais en Pologne c'est l'âge normal.

Mademoiselle Nicolas te fait travailler le soir après la classe, et gratuitement. Si les jeunes enfants ont un accès facile aux langues étrangères, il n'en va pas de même pour les adultes. Les hommes, obligés de faire un effort pour apprendre quelques termes professionnels et communiquer sur leur lieu de travail, sont plus stimulés que les femmes, souvent confinées à la maison. Quelques-unes, surtout les Italiennes, tiennent pension et préparent des repas pour leurs pensionnaires, ce qui améliore les gains ordinaires et permet les échanges.

Toi, tu trouves des avantages aux difficultés de communication entre l'école et la maison, parce qu'ainsi on évite les ennuis. Les bulletins à signer, tu t'en charges !

Après mademoiselle Nicolas, qui gardait une place de choix dans ton cœur, il y a madame Boisin, dont le défaut, mais pas des moindres à tes yeux, est cet entêtement à vouloir te faire chanter. À mon grand regret, tu n'avais aucun souvenir des chants en question, mais il me semble qu'à cette époque *La Marseillaise* était au programme du certificat d'études, et qu'on l'apprenait de bonne heure. Tu auras échappé à *Maréchal, nous voilà !* et tu n'auras pas non plus le temps de passer le « certif », pour cause de guerre.

Puis c'est monsieur Micheletti. Il est fils de mineur. Tu l'aimes beaucoup, lui aussi. Il t'achète ta carte du CNH (Centre de natation de Homécourt). Tu préférais de loin la natation au chant.

En 1937, lors de la visite du président Albert Lebrun, et en présence de ce dernier, tu participes à une démonstration nautique. Tu ne pouvais pas deviner que, quelques années plus tard, ce sport te sauverait de la peine de mort. Paulette aussi fréquente le CNH. Elle affirme que c'est toi qui lui as appris à nager. Tu riais beaucoup en le racontant parce que, selon toi, c'était faux, juste des balivernes de fille amoureuse ! C'est ensemble que vous passez le brevet en novembre 1939.

Paulette, comme Rina, sera de ces femmes dont le souvenir tendre t'accompagnera toute ta vie, malgré l'absence. Les procès, les prisons successives sont peu propices à la survie des amours. Qu'importe, elles resteront rêve et réalité à la fois, avec des visages d'une éternelle jeunesse. Lorsque tu parlais d'elles, je ne voyais pas des dames de ton âge, elles étaient encore ces jeunes filles qui portaient sans doute des jupes courtes et des socquettes roulées sur les chevilles. À la radio, on entendait Danielle Darieux chanter : « Ah ! qu'il doit être doux et troublant, l'instant du premier rendez-vous... », refrain dont ma mère raffolait.

(Maurice Chevalier, lui, n'allait pas tarder à brailler sa rengaine tricolore *Ça sent si bon la France !*, qui me fait le même effet désagréable que le souvenir des croix d'honneur à la maternelle dirigée par des religieuses où j'avais atterri je ne sais pourquoi.)

L'école des filles et celle des garçons sont séparées à cette époque. C'est aussi le temps des jeudis sans classe, des porte-plumes, des encriers de porcelaine et des buvards. Tu aimes le calcul (nous ne sommes pas encore en ces temps savants des mathématiques). Pour ce qui est de l'histoire et de la géographie, ta méthode est banale : attendre que le résumé soit récité par quelque camarade zélé pour te risquer sur ce terrain périlleux. Il n'est pas de mise que les parents se penchent sur les devoirs de leurs enfants le soir. Bien d'autres soucis. Il faut s'occuper du jardin après l'usine ou la mine, et tenir le budget de la maison. Et puis, toujours ce problème de la langue qui ne facilite rien.

De toute façon, l'école, tu oublies parfois d'y aller. Toi aussi, tu as d'autres urgences. Ce n'est pas monsieur Muller qui peut t'encourager à plus de persévérance, il écrit « élève bagarreur » sur ton bulletin, et si tu conviens que ce n'est pas complètement faux, ce n'est pas une raison pour vouloir t'attirer des ennuis.

Le soir après l'école et les jours sans, il y a encore l'école, la polonaise, et le catéchisme. Il y a le sport aussi. Chez les Polonais, le sentiment national et le sentiment religieux se confondent. Il faut dire que l'Église, en l'absence d'un État structuré pendant toutes les années où ce pays était écartelé, s'est voulue une sorte d'incarnation de l'âme polonaise. Elle a défendu la langue contre les tentatives de germanisation ou de russification. Les prêtres jouent donc un rôle centralisateur, ils véhiculent une continuité nationale hors du pays, protègent les traditions, en particulier toutes les fêtes religieuses.

Le catéchisme ne t'intéresse pas plus que le chant ou la géographie, et les sottises vont bon train. Il y a la gifle du prêtre pour une bêtise mineure et ta répartie, l'indifférence de ton père quant à la menace de te voir privé de la cérémonie de la communion (ta mère, elle, aurait préféré que tu la fasses, par conviction un peu, beaucoup parce que les voisins ne verraient pas la chose d'un bon œil). Mais, dans la famille, d'après toi, on ne s'en remet pas à l'Église pour régler les problèmes de la vie.

Le prêtre convoque ton père pour lui faire part de ses intentions : pas de communion ! Ton père, lui, se contente de se tourner vers toi.

— Tu voulais la faire ou pas ?
— Non, réponds-tu.
— Vous me décevez, dit le prêtre à ton père.

Toi, tu ajoutais en racontant l'anecdote : « Mais mon père n'avait pas d'états d'âme... C'était grave de ne pas faire la communion. Tous les gamins la faisaient, il y eut une vraie mise en quarantaine menée par le curé. Les autres enfants ne devaient pas me parler. Quelques filles audacieuses bravaient la consigne : Paulette, Viviane, Jannette. D'autres, moins hardies, attendaient que la nuit tombe ! »

Tu ajoutais encore : « C'est vrai que j'étais pas facile, je suivais pas le chemin droit ! »

En polonais, « Sokol » veut dire « Faucon ». Cet ample mouvement, centralisé, hiérarchisé, existe depuis le XIXe siècle. Tout en développant la pratique du sport, le chant choral, et en organisant quelques voyages en Pologne, il encadre la population répartie sur le territoire français, assure la survivance des rites religieux.

C'est avec le Sokol qu'à douze ans tu fais cet unique voyage en Pologne. Ni tes parents, ni ta sœur ne t'accompagnent. Tu resteras quelques jours chez ta tante Hélène, la sœur de ton père. (C'est au mariage d'Hélène que Jean et Julia se sont rencontrés !)

Lorsque je t'avais demandé quelle émotion tu avais éprouvée pendant ce voyage, tu n'avais pas beaucoup réfléchi avant de me répondre en quelques mots lapidaires et sans détour : « J'étais pas d'là ! » J'avais tout de suite pensé à une phrase de Roland Barthes : « Il n'est Pays que de l'enfance[1] »

Ton enfance, c'était cet avant-guerre, ce monde d'avant ma naissance, ces moments d'histoire qui nous précèdent, dont on hérite sans le savoir et qui vous hantent toute la vie.

---

1. Roland Barthes, « La lumière du Sud-Ouest », *L'Humanité*, 10 septembre 1977.

L'affaire des « bandits polonais » précède votre arrivée en France, et désigne du doigt une population que, désormais, l'on charge de tous les méfaits. Tu en feras toi aussi les frais.

Cette affaire est jugée par la cour d'assises de la Seine, en 1927. Elle va laisser des traces pendant longtemps dans le subconscient collectif. Dix-huit hommes et une femme sont condamnés pour une série de meurtres et de cambriolages. Leur quartier général se trouve près de l'église Saint-Paul, dans le Marais, à Paris. Ils opèrent dans la capitale, en banlieue et dans le Nord. Certains d'entre eux sont arrivés en France avec une carte de travail qu'ils n'ont jamais utilisée. La presse se déchaîne sur cette affaire, et contribue largement à développer un véritable courant de haine. *Le Journal, Le Matin, L'Intransigeant*, et même *Le Peuple*, organe de la CGT. *L'Intransigeant* va jusqu'à lancer l'idée de créer une « brigade spécialisée » pour seconder la police.

À propos des faits divers, un double langage est souvent tenu par les journalistes, selon qu'il s'agit de délits commis par des compatriotes ou des étrangers. (Un dérapage que d'ailleurs on peut encore trouver dans certains journaux aujourd'hui.)

Le 31 août 1981, un universitaire polonais, Stefan Kieniewicz, déclare :

Quand je suis venu à Paris pour la première fois en 1930, on parlait des « bandits polonais ». Nous étions très mal considérés en France, comme les Arabes maintenant[1].

En 1948, *L'Est républicain* titrait :

AUX ASSISES DE MEURTHE-ET-MOSELLE
DOJLIDA LE BANDIT

Et dans l'article on pouvait lire : « criminel-né ».

Tu sortais des camps de concentration. Tu n'as jamais été condamné pour meurtre... Tu revenais à peine de ce cauchemar de la guerre qui t'avait arraché à l'adolescence. Mais, avant même que ce cauchemar commence, une sentence semblait déjà peser sur toi, cette sorte de discrimination qui jette les gens dans le mauvais camp, et que tout un système y maintient.

---

1. In *Polonais méconnus*.

Le 10 mai 1940, il est six heures moins dix ; Jean, ton père, était de nuit à l'usine. Un bruit effroyable secoue Homécourt et tétanise la population à peine éveillée. Toi, tu cours à l'usine, tu as peur pour ton père. En arrivant, tu l'aperçois, il porte un de ses copains grièvement blessé. Il y a d'autres blessés graves, des morts aussi, mais l'usine n'est pas endommagée.

Dans Homécourt, il y a des dégâts, l'émoi est grand. Une famille entière disparaît, sauf le bébé que l'on retrouvera vivant dans son berceau. Cette famille tenait une cantine ouvrière. Était-elle italienne ?

Le 13 mai, c'est un autre bombardement. De nouveaux morts, de nouveaux blessés. La guerre est là, tangible, meurtrière. L'école est immédiatement fermée.

La guerre ne peut qu'amplifier les effets de la crise. Les jardinets ne suffisent pas. Les produits de première nécessité manquent. Il y a une ligne de démarcation, il faut rapidement se préoccuper de trouver des vivres, ruser. Une de tes premières tâches sera de passer la ligne et de rapporter quelques provisions. Avec des copains, avec Stanis en particulier, vous mettez en place le petit manège. Vous connaissez le moindre sentier, et la volonté de faire face vous tenaille. Stanis, c'est l'ami, un peu plus âgé, que tu aimes et qui t'a « à la bonne ». C'est celui qui n'hésite pas à corriger un Allemand dans un bistrot de Jœuf parce qu'il chahute sa copine, en juillet 1940.

Ce passage de marchandises n'est pas un jeu, ce n'est pas non plus l'envie de se rendre intéressants, c'est vital, un point c'est tout.

Et puis, un jour, le bruit court que les gardes mobiles allemands basés dans le coin sont partis, envolés, en laissant sur place toutes leurs munitions.

« J'y suis allé avec un pote, celui qui un jour fauchait des coings même pas mûrs dans le verger de Marius, et qui était resté accroché à une branche. On l'a toujours appelé "La Pendule" après. Dans le verger, j'y étais moi aussi. À hauteur du moulin de Briey, La Pendule et moi, on est presque tombés nez à nez avec les "frisés", on a eu peur, on était quand même des gamins. On a trouvé un autre chemin, on a réussi à entrer dans le dépôt. Il y avait déjà des gars qui étaient passés avant nous. Je suis allé chercher la remorque du père Swiderski, on n'a rien dit aux adultes, d'ailleurs ils étaient en train de creuser des puits en bord de rivière, à cause des problèmes d'eau. J'ai fourré toutes les grenades dans notre grenier. Le soir, le père Swiderski est passé pour discuter avec mon père. Ils parlaient bien sûr de la guerre et des Allemands. Moi j'ai dit :

— Les Allemands, j'ai de quoi les recevoir !

— Qu'est-ce que tu racontes ? a dit mon père.

J'ai répondu que le grenier était rempli de grenades.

— T'es tombé de ch'val ? (Tu disais qu'en polonais ça signifiait : "T'es pas cinglé ?")

Après, mon père est allé les enterrer dans la grotte de la Noue. Elles y sont restées jusqu'en 1943. Et puis je les ai récupérées, j'en avais besoin pour des actions. »

Les Swiderski ont à peu près le même âge que tes parents, quelques années de plus. Lui, comme ton père, travaille à l'usine de Homécourt. Elle, c'est à la Solpa[1] qu'elle est employée. Ils n'ont pas d'enfant parce qu'ils ne peuvent pas en avoir. Tous les deux sont de fervents militants communistes.

La Solpa est une importante entreprise regroupant abattoirs et charcuterie industrielle, redistribuée par camions dans toute l'Europe. Elle fonctionnait encore après la guerre. Plusieurs centaines de bêtes étaient abattues chaque jour par les « tueurs », des hommes exclusivement. Tout le reste du personnel était féminin. Selon toi, madame Swiderski était à l'origine du premier syndicat de la boîte.

Ils t'en imposent, les Swiderski. Ils sont respectés, toi tu les aimes. Tu aimes leur détermination, leur courage, leur militantisme. Tu te

1. Société lorraine de produits alimentaires.

souvenais que, pendant la guerre d'Espagne, ils avaient hébergé des réfugiés espagnols. C'est par eux que tu entres aux FTP-MOI[1].

Comme ils n'ont pas d'enfants, tu es un peu leur fils. Madame Swiderski t'achète ton premier costume-pantalon, elle t'explique aussi que les filles sont sensibles à un peu de coquetterie chez les garçons. Tu riais en le racontant mais, d'une certaine façon, le conseil avait porté ses fruits. Je t'ai toujours vu « tiré à quatre épingles », selon l'expression désuète en harmonie avec ton allure, datée elle aussi.

Ton père et monsieur Swiderski sont amis et complices. Ils ont quitté la Pologne pour les mêmes raisons, ils partagent les mêmes idéaux. Après la guerre, les Swiderski regagneront le pays, sans doute pour continuer là-bas le même combat. Sans doute, mais tu n'as jamais eu de nouvelles.

Tu pensais que ta mère leur reprochait l'influence qu'ils avaient eue sur toi, qu'elle croyait que sans eux tu n'aurais pas couru les mêmes risques, que tu n'aurais pas eu tous ces ennuis. Tu affirmais que c'était faux, mais tu ne lui tenais pas rigueur de cette injustice, tu comprenais son désarroi.

On aurait dit qu'ils te manquaient encore,

---

1. Francs-tireurs et partisans de la main-d'œuvre immigrée : mouvement de Résistance armée, d'obédience communiste.

après toutes ces années, qu'ils étaient encore là, très près, avec toute cette tendresse qui vous liait.

Peu de gens, dans tes récits, bénéficiaient ainsi d'une telle estime, tu avais tant de comptes à régler, qui ne le seraient jamais. En dehors des Volta, de Stanis dont la mort tragique à Dachau te bouleverserait toujours, d'Edmond Michelet croisé dans ce même camp, de Marcel Paul avec lequel tu avais préparé la libération de Buchenwald, des Swiderski, rares étaient les élus. Rina et Paulette, elles, avaient un statut particulier.

Et puis, de ce long tunnel dans la nuit des prisons, tu gardais quelques visages d'hommes estimés, estimables. Parmi eux, il y avait Charlie Bauer. Il y avait aussi celui qui, à l'infirmerie de Poissy, t'avait sorti d'une mauvaise passe, et cet infirmier de Villejuif qui avait parlé de toi à des gens susceptibles de s'occuper de ton dossier.

Ta fidélité en amitié et en amour, outre qu'elle était émouvante, t'avait probablement sauvé du naufrage.

« Quand les galopins galopent[1] », dans ce début des années quarante, ils ont parfois des grenades dans les poches, et s'ils courent c'est parce qu'ils doivent se protéger des balles, celles de l'occupant, des Brigades spéciales, de la Gestapo. Leurs « jeux » sont très sérieux, ils se mettent en danger et souvent, derrière un pseudonyme de combat, leurs vrais noms sonnent comme des musiques venues d'ailleurs. Ces gamins-là n'en sont plus, ils ont entre quinze et dix-huit ans, la guerre les a promus à des responsabilités d'adultes. Certains mourront avant d'avoir eu le temps de l'être. Ils sont italiens, polonais, yougoslaves, arméniens, espagnols. Beaucoup sont juifs et communistes, et ils se battent aux côtés des Français, pour des idéaux sans frontières.

Tu n'as pas dix-sept ans quand tu entres aux FTP-MOI. Tu t'es vieilli, tu veux être admis. Il

---

1. Robert Doisneau, préface à *Fractures d'une vie*.

y a un premier rendez-vous, derrière le cimetière, avec un certain Marcel. Selon toi, il venait du Nord, mettre le réseau en place. Il te présente à un autre Marcel, italien, avec qui tu travailleras. On est à l'automne 1942. Peu de temps avant, tu passais encore les « colis », des prisonniers que tu aidais à s'enfuir, avec Stanis, appelé ensuite à d'autres tâches. Tu t'appelleras Jules. Le premier train à saboter sera aux environs de Jarny. C'est un train de permissionnaires allemands. Tu expliquais que ce n'était pas très compliqué. « Il faut déboulonner les rails, défaire les traverses intérieures et desserrer les extérieures. »

Mais c'est la première fois, tu as le trac, tu te crois seul sur cette action, tu ne sais pas que tu es couvert. Tu apprenais. Après, bien sûr, il y en eut d'autres... jusqu'à la dernière, celle de janvier 1944, peu de temps avant ton arrestation.

En juillet 1943, tu es envoyé à Paris pour livrer des grenades, peut-être celles que tu avais trouvées dans les locaux des « Feldgendarmes » à Jarny. De nombreux accidents se produisaient avec les grenades artisanales qui, malheureusement, tuaient ceux qui les manipulaient lors des interventions. Les tiennes n'étaient pas artisanales. D'une certaine façon, elles allaient être renvoyées à l'envoyeur !

À Paris, il fait très chaud. Les piscines sont bondées. Tes compagnons et toi, vous préférez les bords de Marne. La journée a été éprouvante, le voyage, la mission, il faut toujours être sur ses gardes.

Bref, après avoir nagé, vous vous endormez. Ce sont des cris qui te réveillent, ceux d'un homme qui semble se noyer. Tu n'hésites pas une seconde. Toi, l'as de la natation, tu plonges et portes secours au baigneur en détresse.

Celui-ci se remet un peu et s'éclipse pour aller se rhabiller. C'est en uniforme allemand qu'il réapparaît ! Il veut à tout prix offrir le champagne ! Vous ne pouvez ni refuser, ni lui « casser la gueule » comme tu aurais aimé le faire après lui avoir sauvé la vie. D'ailleurs, cela n'a rien à voir ! Il parle, il est médecin dans le civil. Avant que vous vous sépariez enfin, il griffonne ses coordonnées sur un bout de papier. « Au cas où... »

« Ses coordonnées, je les ai chiffonnées et jetées, c'est peut-être Francis qui les a ramassées, en pensant qu'elles pouvaient servir. »

Bien inspiré Francis !

Outre le sabotage des trains, il y eut la délicate mission concernant les prisonniers russes. Pas une mince affaire. Elle comportait des risques énormes, y compris pour la population en cas de représailles. Ils étaient deux cent cinquante prisonniers employés à la mine, gardés par quarante-cinq soldats allemands. Les Allemands, à neutraliser, c'était facile selon toi. Par contre, ce qui l'était beaucoup moins, c'était l'évasion simultanée de deux cent cinquante hommes. Encore moins facile de leur faire comprendre. Comme tu parles russe, c'est à toi que revient la responsabilité d'expliquer que le projet s'avère irréalisable, qu'au mieux vous pourrez prendre en charge un convoi de trente hommes. Seulement après, pour le deuxième…

De plus, il y a presque trente kilomètres à franchir. Plusieurs questions se posent : faut-il percer une paroi ? quand ? comment ? Vous n'avez pas d'expérience, il faut toujours inventer, sachant qu'il n'y a aucun droit à l'erreur, que la mort rôde partout.

Lorsque je lis le témoignage de Raymond Kojitsky, rapporté dans *Le Sang de l'étranger*, il me semble que ses mots auraient pu être les tiens :

On enlève les anneaux, on jette les grenades. On court. On entend l'explosion des grenades. Et, tout d'un coup, ça tire. Je me retourne. Trois Allemands, deux à genoux, un debout, qui nous tirent dessus. Je cours. Je manque tomber. C'est là que j'ai dû être touché. Heureusement que je ne suis pas tombé. Ils m'auraient achevé à coups de crosse. On court. Je sens que je suis tout mouillé. J'enlève ma veste. C'est tout rouge. Je dis : « Merde ! je suis touché. »

Au final, vingt-deux Russes seront libérés par vos soins, et nourris pendant plusieurs mois.

Le 4 août 1942, René Bousquet signe un accord avec le commandant supérieur des SS et de la police allemande, dont est tiré cet extrait :

La police française apportera son appui aux services dépendant du commandant supérieur des SS et de la police, dans le cadre de la mission sus-indiquée, dans la lutte contre les communistes, terroristes et les saboteurs, en mettant en œuvre tous les moyens à sa disposition.

L'homme qui t'a dénoncé était donc un fonctionnaire irréprochable ! Mais l'obéissance est une étrange vertu lorsqu'elle camoufle le pire.

Les Brigades spéciales, où foisonnent ce genre de serviteurs zélés, bénéficiaient d'avantages matériels propres à donner du cœur à l'ouvrage à qui n'avait pas d'états d'âme dans l'accomplissement de la basse besogne. Prime mensuelle, indemnités pour les « fileurs », retour promis d'un parent prisonnier. Tout ce beau monde va œuvrer dans le plus grand déshonneur. Bientôt, ce sera ton tour de tomber dans les mailles du filet.

En exergue à sa terrible nouvelle *Une nuit de 43*, où la milice fasciste abat onze hommes contre le parapet qui surplombe le fossé du château d'Este à Ferrare, sous le regard du pharmacien Pino Barilari, Giorgio Bassani a choisi de mettre une citation de Tchekhov :

Que vous dire ? Les visions sont effrayantes, mais la vie, aussi, elle est effrayante. Moi, mon cher, je ne comprends pas la vie et j'ai peur d'elle.

Le pharmacien est planqué derrière sa fenêtre, il attend sa femme. Plus tard, lorsque la même milice comparaîtra devant la justice pour répondre de ses crimes, Barilari ne se souviendra de rien. Il ne voudra pas se souvenir de sa lâcheté.

Le 15 février 1944, s'ouvre le procès du groupe Manouchian devant la cour martiale du tribunal allemand. Il va être l'occasion d'une propagande d'envergure de la part de l'occupant et de Vichy. Une campagne immonde.

Les journaux sont soumis à le censure, avec des consignes strictes du genre de celle-ci, qui porte le numéro 1460 :

Les journaux publieront obligatoirement : les dépêches sur la répression du terrorisme et du banditisme (on s'inspirera obligatoirement de la présentation suivante : titre : la répression du banditisme et du terrorisme.*)*

Certains journaux font du zèle, d'autres sont à l'image de leurs dirigeants, comme *L'Œuvre* de Marcel Déat. René Bénédetti, un des rares journalistes de ce journal à signer ses articles, écrit :

71

Il est regrettable qu'un tel procès ne puisse se dérouler en place publique. Nombre de Français candides constateraient combien ils sont trompés, combien aussi ils sont menacés dans leur vie et dans leurs biens par ceux dont ils attendent la « délivrance ». Ils verraient se dresser, s'étendre sur Paris, sur la France, l'ombre monstrueuse du bolchevik derrière les tueurs de la « résistance », de la « libération ».

Entre le 10 et le 15 février, une « affiche rouge » se trouve à des milliers d'exemplaires sur les murs de la capitale, tandis qu'une brochure circule elle aussi à des milliers d'exemplaires, véhiculant l'antisémitisme, l'anticommunisme et la xénophobie. Son titre : *L'armée du crime.*

C'est dans ce contexte de tension extrême et de répression déterminée que tu es arrêté le 23 février 1944. L'agent de police Reuter est venu perquisitionner chez toi. Te voilà pris dans l'engrenage infernal, comme beaucoup d'autres combattants obscurs, broyés par cette infrastructure en tenaille : la police française, les Brigades spéciales, la Gestapo, l'occupant. Sans oublier, bien sûr, la collaboration individuelle dont j'espère qu'elle procura à ses adeptes d'interminables nuits blanches après la guerre.

Peu de temps avant, en janvier, tu as fait sauter ton dernier train. Un train de marchandises, je crois. Pour échapper au STO instauré par Laval en 1943, tu as été embauché à l'usine de Homécourt. Une embauche un peu formelle, par une connaissance.

Selon toi, c'est la complicité du directeur de l'usine qui permet ton arrestation. Un matin de bonne heure, ta mère te réveille, un contremaître te demande, il veut t'emmener à l'usine.

« En fait, j'y allais quand même un peu à l'usine, et j'avais eu un petit accident, une broutille, je croyais que c'était pour ça, pour faire des papiers, une déclaration, qu'on me demandait... En bas des cités, j'ai vu une traction. Ça s'est passé comme dans les films : quand j'ai approché de l'usine, j'étais encadré, c'était fini... On m'a emmené au commissariat de Jœuf, jusqu'en milieu d'après-midi ; après les Brigades spéciales nous ont conduits, les autres et moi, à la prison Charles-III de Nancy. Il y avait aussi Guillaume et Claudine... (Que sont-ils devenus ?) À la prison Charles-III, j'étais avec les mineurs. J'avais dix-sept ans. Le 26, le juge Chiny donne le motif d'accusation : "terroriste communiste"... »

Jusqu'au 15 avril, les interrogatoires se succèdent. Vous êtes isolés dans vos cellules, puis transférés du secteur français au secteur allemand. C'est aux autorités allemandes que Chiny passe le dossier. Devoir oblige !

Le 5 mai, c'est la condamnation à mort, comme pour tous ceux qui ont commis des attentats. Tes copains, à l'extérieur, contactent l'homme que tu as sauvé des eaux de la Marne. Il interviendra malgré l'opposition de la Gestapo. La condamnation à mort est commuée en déportation.

Un cadeau.

Voilà que commence un sombre itinéraire. Deux transferts successifs d'abord : le Cherche-Midi, puis Fresnes, avant le camp du Struthof, en Alsace.

La prison du Cherche-Midi, sur l'emplacement de laquelle s'élève aujourd'hui un grand bâtiment vitré, la Maison des sciences de l'homme, boulevard Raspail, était une prison militaire. On y trouvait déserteurs, antimilitaristes de tout poil, fortes têtes. Les affranchis appelaient le lieu « le Cherche ». Pendant la Deuxième Guerre mondiale, ceux qui relevaient du tribunal militaire allemand y faisaient des passages.

Au Cherche-Midi on entend constamment les autos rouler, la corne des autobus au croisement de la rue et du boulevard ; la nuit on voit le rayon d'un phare qui éclaire le mur de la cellule ; on se sent encore au milieu de la ville, mais elle vous manque, vous êtes amputé d'elle, cela fait mal, on perçoit des rires de femmes heureuses, des cris aigus de filles toutes jeunes, des chansons d'ivrognes. C'est la sortie des bals, des spectacles. C'est presque insupportable, écrit Calet dans *Le Tout sur le tout*.

Après le Cherche-Midi, ce sera Fresnes. Fresnes demeurera le symbole de la répression, de la mort, de la torture, sans parler de la fin tragique dans les camps vers lesquels la plupart des prisonniers furent alors envoyés pour n'en pas revenir, lorsqu'ils n'étaient pas fusillés sur place, ou encore guillotinés, torturés à mort.

Il y a très rapidement ingérence des Allemands dans le fonctionnement des prisons françaises. Pourtant, peu d'archives permettent d'appréhender avec précision tous les éléments propres à cette période. Les archives allemandes sont passées à la poubelle ! Heureusement que les hommes laissent des traces, même après leur mort. Les traces, qu'elles soient restées en place, comme celles qu'Henri Calet découvre en 1945 en allant visiter les cellules de Fresnes, ou bien qu'elles apparaissent dans des lettres d'adieu à des proches, dans des journaux intimes, sont suffisamment bouleversantes pour témoigner de l'horreur.

Dans les poubelles de Fresnes, les Allemands ont abandonné quelques documents. Entre autres, de petites fiches vertes et mauves.

Ces fiches portent des noms de prisonniers au

secret. Elles sont individuelles. Sur la plupart, on trouve la mention : Nacht und Nebel, *Nuit et brouillard.*

Ce sont les premiers mots de l'incantation d'Albéric dans L'Or du Rhin.
Deux très beaux mots, un peu magiques. Nacht, *un mot noir.* Nebel, *un mot de fumée.*
Les nazis ont donné à ces mots une acception particulière. Nacht und Nebel, *c'était une catégorie de gens à tuer sur place ou bien à diriger sur les camps d'extermination. Là, tout se terminait, en effet, dans la ténèbre d'un four crématoire. De la fumée aussi, comme un brouillard qui se dissipe. Et rien après.*
La nuit et le brouillard recouvraient l'Europe entière.
Parmi les prisonniers de Fresnes ainsi étiquetés — NN — un seul jusqu'ici a été retrouvé vivant.
Ils ont usé d'une autre classification, tout autant poétique : Meerschaum *— l'écume de la mer — pour parer d'autres infamies. L'écume également se dissipe au moindre vent, sans plus une trace.*

Début juin, tu es conduit au camp du Struthof. Tu as le numéro 20185. Le 3 septembre, c'est le train pour Dachau.

Tes seuls voyages, toi qui parlais du Brésil et du Mexique, seront des voyages en enfer. Des voyages d'un camp de concentration à l'autre, d'une prison à l'autre.

Lorsque tu arrives à Dachau, dans les conditions que l'on sait et qui préfigurent le calvaire qui attend des milliers d'hommes et de femmes, tu retrouves Stanis, un Stanis méconnaissable, que la mort a déjà vaincu, une mort imminente et tragique.

Dans ce camp, tu feras la connaissance d'Edmond Michelet, futur ministre de la Justice sous de Gaulle, incarcéré lui aussi à Fresnes avant sa déportation, et qui, pendant la guerre d'Algérie, reconnaîtra, un peu tard tout de même, le statut de prisonniers politiques aux membres du FLN incarcérés dans cette prison.

Edmond Michelet, catholique pratiquant, conquiert ton estime par « sa droiture et sa respectabilité ». Bien que vous ne partagiez pas toujours les mêmes idées, tu le jugeais comme étant un homme de devoir et de morale. Il t'a sauvé, et quelques autres avec toi, d'expériences médicales (sur la résistance au froid) auxquelles vous étiez soumis dans ce camp.

En 1960, le même Edmond Michelet, encore garde des Sceaux de de Gaulle, obtiendra pour toi une réduction de peine, et te procurera une carte de réfugié apatride, avec assignation dans les Vosges et obligation de te présenter, chaque semaine, à la police d'Épinal.

Après Dachau, d'autres trains cauchemardesques te conduiront à Dora, Ohrdruf, et Buchenwald.

À Buchenwald, tu feras une autre rencontre, Marcel Paul. Tu feras partie du réseau communiste qui préparera la libération du camp. Beaucoup plus tard, au début des années quatre-vingt, l'ancien ministre communiste de de Gaulle viendra te réclamer au parloir de la prison de Poissy. Il ne t'a pas revu depuis Buchenwald. Il te rendra visite jusqu'à sa mort, en 1982, te laissera une machine à écrire pour que ta mémoire continue de résister, elle aussi, et entamera les démarches pour t'obtenir une réduction de peine, ainsi qu'une allocation d'ancien déporté.

Le 17 septembre 1980, sous couvert de la Fédération nationale des déportés et internés, résistants et patriotes, il écrit à maître Henri Leclerc une lettre qui retrace les étapes essentielles de ta vie, et demande au grand avocat d'étudier ton dossier dans la perspective d'une réduction de peine. Après ta sortie de Poissy, maître Henri Leclerc, touché par ton parcours et ta personnalité, te croisera plusieurs fois.

De tes voyages dans la nuit et le brouillard, tu reviendras meurtri et rempli d'une immense colère.

Tu n'as que dix-neuf ans lorsque tu reviens de ce cauchemar où Stanis, lui, est resté. Il va falloir vivre, tenter d'oublier l'horreur, et trouver sa place. Encore faut-il que les traîtres ne viennent pas se mettre sur ton chemin, comme pour insinuer que tout va bien, que rien ne s'est vraiment passé, puisque eux sont toujours là, au même poste. La vie continue.

À tes yeux, deux hommes incarnent la trahison et le déshonneur, Chiny et Reuter. Circonstances aggravantes, ils ont agi sous couvert de la loi. Ils ont appliqué la consigne. Ce sont de loyaux serviteurs de l'ignominie. Le pays en est rempli, mais ces deux-là t'ont jeté dans la fosse.

Comment un juge, que la lâcheté et la complicité avec l'ennemi auraient dû discréditer, peut-il encore rendre la justice après la guerre ? D'autant qu'il a été promu juge d'instruction à la cour d'appel ! Si tu vas à Nancy, ce n'est pas pour lui poser la question, c'est pour le corriger, juste avant de te rendre à Amiens, où se tient le procès des Brigades spéciales. Les peines seront modérées. Sans commentaire.

Début 1946, tu as l'intention d'entreprendre les démarches nécessaires pour obtenir la nationalité française. Quelle n'est pas ta stupeur, lorsqu'à cette occasion tu retrouves le policier qui a perquisitionné chez toi, travaillé pour l'ennemi... Il est en place lui aussi, tout juste réintégré !

Ton sang ne fait qu'un tour. Les mots ne sont que des mots, et la rage qui t'habite ne peut s'en satisfaire. Pas question de demander quoi que ce soit à ce « chien », pas même un formulaire. Il y a des comptes à régler, tu les règles avec les poings. Les discours sont superflus.

Reuter ne porte pas plainte tout de suite. Aurait-il mauvaise conscience ? N'y a-t-il pas au fond de la mémoire des traîtres et des assassins de lancinantes images que rien ne peut effacer et qui parfois les laissent à la merci de leur destin ? Reuter connaît tous les rouages de la loi et du pouvoir, il se sait protégé par ce rempart, alors il se décide, et s'adresse au tribunal correctionnel de Briey.

Te voilà condamné : 2 000 francs d'amende et un mois de prison avec sursis. De quoi faire monter la colère, avec toutes ces images des dernières années qui te poursuivent et ne te lâcheront jamais, et Stanis, et tous les autres. Tu es meurtri à vie, comme tous ceux qui ont échappé à la mort dans les camps, mais dont la mémoire ne cesse d'y retourner.

Tu n'as pas le sou. Tu fais des petits boulots, entre autres garçon de courses au consulat de Strasbourg, puis, de retour à Homécourt, très peu de temps employé aux fours à coke, avant de vivre de petits expédients. Mais l'argent, tu sais où le trouver, là où ceux qui le détiennent ont plutôt les mains sales. Des collabos.

Quelques jours après ta condamnation, dans l'élan de la rage, tu organises l'expédition dans un bar-tabac des environs de Homécourt, là où les Allemands étaient chouchoutés pendant l'Occupation, où l'on bradait la vie des gens en trinquant. Tu as deux complices avec toi.

Tu gardes une rancœur tenace contre le directeur de l'usine, que tu accuses d'avoir participé à ton arrestation, le 23 février 1944. Et puis l'usine a tourné pour les Allemands pendant la guerre...

C'est l'arme au poing que tu t'empares de la paye des ouvriers, le seul jour où des billets de banque se trouvent à disposition. Pas le choix. Il n'y a aucune victime, ni au bar-tabac, ni à l'usine.

La cour de Nancy te condamne à quinze ans de travaux forcés pour le premier vol et vingt ans pour le second. À ces condamnations, les jurés ajoutent vingt ans d'interdiction de séjour. Tu es un étranger !

Dans l'article de *L'Est républicain*, on peut lire :

> *Dojlida est un étranger qui est un « criminel-né ». Après son arrestation, il a déclaré : « Je regrette de ne pas avoir mis le feu à la boîte. » Il n'a pas hésité à traiter le juge d'instruction de « maître-chanteur ».*

Il y a dans cette insolence tout le désespoir dans lequel t'ont plongé la trahison, la prison et les camps, toutes choses impossibles à assumer par ceux qui ne veulent rien savoir, précisément parce qu'ils sont trop bien placés pour ne rien ignorer.

Dans ce combat inégal que tu veux mener contre une société qui ne t'a jamais accepté, sauf comme marchandise importée à mettre au service de son industrie, il y a quelque chose de poignant, parce que dérisoire, perdu d'avance.

En décembre 1949, les autorités françaises signent un arrêté d'expulsion vers la Pologne, lorsque ta peine sera purgée.

C'est alors que commence pour toi un long périple carcéral. Mais celui-ci ne matera ni ta colère, ni ta capacité de résistance à tout ce qui fait de la prison une machine à broyer les hommes. Tu ne plieras jamais devant les méthodes vexatoires, les brimades, les fouilles et les insultes. Bien sûr, tu iras au mitard, et plus souvent qu'à ton tour. Question d'honneur. Tu entendras le lancinant refrain de la clé dans la serrure, du pas des matons qui rôdent, des pieds qui raclent le sol pendant la promenade.

C'est au cachot que tu apprends la mort de ton père en 1955. Tu l'aimais beaucoup, ton père. La prison enferme les hommes, les chagrins, les amours. Elle se cache derrière les murs.

Sans doute sort-on de prison comme du coma. Il faut se reconstruire, retrouver ses marques dans le monde réel. Il faut du travail, un endroit où aller.

Pour ce qui est de l'endroit, tu es assigné à résidence dans les Vosges et dois te présenter chaque semaine à la police d'Épinal. Oui mais…

Tu te lances dans le « transport ». Quel genre de marchandises ? Tes réponses restaient énigmatiques, tes éclats de rire aussi. Non, tu n'étais pas un ange. Et d'ailleurs de quel paradis serais-tu arrivé ?

« C'était vrai que j'étais pas facile, je suivais pas le chemin droit », répétais-tu en parlant de ton enfance.

Le chemin droit, était-ce appliquer à la lettre les consignes de délation ? Était-ce envoyer à la mort des hommes et des femmes comme on fait des croix dans une case ? Pour certains, oui. Tu refuses de prendre ce chemin et c'est ce qui t'honore.

Bref, un policier, lors d'un contrôle, met le nez dans les marchandises en question. Un « ripou », qui propose un petit marché, un chantage aux bénéfices avantageux. Il se trompe d'interlocuteur, tu n'es pas homme à négocier avec ces gens-là. C'est un refus sans appel.

As-tu, comme tu le suggérais parfois (sans t'attarder sur le sujet), livré des renseignements à la Russie ? Quand ? Où ? Comment ? Ou bien aurais-tu seulement rêvé de le faire, dans un désir d'être au cœur d'une autre guerre, celle qui ferait triompher un monde meilleur ?

Puis c'est le voyage en Afrique. Là non plus, tu ne t'étends guère sur les détails, mais c'est de toute évidence une étape importante, violente aussi me semble-t-il, si j'entends un peu ce qui se cache derrière la simple et rapide évocation. Pas de tourisme, donc, mais les SS, après la guerre, ont une fâcheuse propension à se disperser dans diverses parties du monde. Il y en a un que tu as repéré. Un ancien officier. Tous ces comptes à régler…

Lorsque tu rentres, en janvier 1962, la liberté s'arrête au métro Tolbiac. Trois flics te filent : Chauvin, Joly et Stievenart. Ils te « serrent ». On t'accuse d'avoir participé activement à deux hold-up dans des banques de la périphérie parisienne. Tu nieras les faits. Toujours. Tu es certain que le policier qui t'avait proposé un marché à l'amiable s'est vengé de ton refus. Tu n'invoques pas ton voyage en Afrique. À cause de l'assignation à résidence transgressée ? Pour d'autres raisons ? Parce que tu n'y es jamais allé ?

Le juge Knopp, chargé d'instruire ton dossier, a un a priori très défavorable à ton encontre, il te le fait savoir : « Je sais à quoi m'en tenir en ce qui vous concerne. Je sais ce que jadis vous avez fait à mon collègue Chiny. »

Ça commence mal, ça finira mal aussi.

Au bout du compte, tes activités dans la Résistance, tous ces risques fous que tu as pris, non seulement semblent réduits à de simples anecdotes, mais le dérapage les transforme en délinquance.

Tu écopes de vingt ans ! Comme en 1949, c'est à Poissy que tu regagnes la prison.

Tu n'as jamais été très loquace sur ces longues années de réclusion. Une impossible et interminable attente du jour qui se lève, que décrivent ces mots qui pourraient être les tiens :

Des cages pour dormir. Des galères pour punir. Des gamelles pour bouffer. Des guenilles pour se vêtir. Des interdits pour parler, se mouvoir, s'exprimer, pour déféquer et uriner même ! Et cette haine qui me mord les tripes tant j'ai mal à ne pouvoir mordre moi-même pour extirper cette douleur.[1]

Comment ne pas être désespéré ? Comment ne pas tenter de s'évader, toujours et encore ? Comment ne pas décider de mettre ses jours en danger ? Grève de la faim, tentatives de suicide, évasions manquées, rébellions en tous genres. Il faut survivre, résister, affirmer que l'on est un homme, pas une bête.

En 1976, à Metz, tu blesses un gardien lors d'une tentative d'évasion. Vingt ans supplémentaires ! Comme si la vie pouvait s'étirer à volonté, au gré des sentences. Comme si le scandale n'était pas dans l'organisation de la

---

1. Charlie Bauer, *Fractures d'une vie.*

prison, l'attitude des gardiens, les morts suspectes, les cellules surchargées !

Là non plus, tu ne suis pas le chemin droit. Question d'honneur, encore.

Et puis, en prison comme à l'extérieur, il y a les infréquentables, les salauds. Tout comme Bauer, tu as dû croiser de ces individus qui n'inspirent que dégoût et mépris, à l'image de Jean-Antoine Tramoni, que Charlie Bauer, justement, a croisé à Fresnes. Un assassin, Tramoni, un vrai. Vigile chez Renault, il a tué Pierre Overney, qui diffusait ses tracts. Nous fûmes nombreux, dans la rue, à réclamer justice. Il n'a eu que cinq ans, et ces cinq ans, en tout cas pour partie, il les a purgés à Fresnes, en tant qu'infirmier.

Parfois la justice s'exerce au coin d'une rue, dans le désordre et l'improvisation. Lorsque Tramoni sortira de prison, il sera abattu. Les « chemins droits » ne sont pas sans embûches.

Pendant l'été 1974, les prisons sont dans tous leurs états. Depuis plusieurs années, déjà, un travail est fait par le GIP (Groupe d'information sur les prisons), à l'intérieur duquel Michel Foucault dirige une réflexion approfondie sur le rôle des prisons et les conditions de vie imposées aux détenus. Tout commence à Clairvaux, où un prisonnier est mis au cachot pour une simple infraction au réglement. Les autres refusent d'entrer dans leurs cellules. La prison s'enflamme, au propre et au figuré. D'autres prisons prennent le relais, et je sais que tu es du mouvement, alors que tu te trouves à celle de Nîmes... La révolte fleurit un peu partout. La police s'en mêle, il y a des morts chez les prisonniers.

De nouveaux « droits des détenus » voient le jour en 1975, mais quels droits ? Tout ce qu'il y a d'élémentaire : se laver quand on est sale, manger quand on a faim, se soigner lorsqu'on est malade, s'informer, écrire à ceux ou celles qu'on aime...

Ce sont aussi des QHS[1], aux Baumettes, à Lyon, à la Santé, Fresnes, Fleury, Tarbes, Mende, Chaumont, Briey, Évreux, Lisieux, Tulle...

Non, rien à voir avec les étapes d'une croisière.

Les prisons restent souvent peu ou pas chauffées, sales, avec des cellules exiguës, insalubres et surpeuplées, aux conditions de vie et d'hygiène inacceptables. À voir les réactions provoquées par certaines enquêtes, certains livres dénonçant l'état de fait et mettant l'administration pénitentiaire devant la réalité, on peut penser qu'il en sera encore ainsi pendant longtemps, avec de temps en temps les hauts cris d'épouvante de quelques politiques, de quelques fonctionnaires, de quelques intellec-

---

1. Quartier de haute sécurité.

tuels, pour mieux recouvrir ceux des hommes enfermés.

En 1981, à Poissy, tu croises un « pays », un gars de l'Est de la France. Vous vous racontez vos histoires respectives, et quelle n'est pas ta stupeur de découvrir qu'il a eu Henri Chiny comme juge, lequel, en 1975, présidait la cour d'assises d'Épinal ! Vingt-neuf ans plus tôt, il te jugeait pour activités terroristes ! Étrange hasard qui vous rapprochera. Alexandre Dumal relate votre rencontre dans un de ses romans noirs[1].

Quarante ans, c'est le temps qu'il faut à un homme pour atteindre cet âge charnière entre la jeunesse et l'âge mûr. C'est celui que la machine judiciaire a mis pour tenter de te détruire, de casser cette rage irréductible, cette détermination à vouloir refuser la loi qui protège les infâmes, celle qui autorise des hommes à entasser d'autres hommes dans des trains de misère pour les envoyer ensuite au fond des mines, puis dans des trains de détresse qui les conduisent à l'horreur. Cette rage-là me semblera toujours infiniment respectable, bouleversante et tragique.

Une morale.

Ce qui m'émeut profondément dans la trajectoire de ta vie, c'est son côté emblématique,

---

1. Alexandre Dumal, *Je m'appelle reviens*.

toutes ces femmes, tous ces hommes, ballotés par l'histoire, et qui, dans la confusion et l'horreur, ont gardé le cap. Certaines et certains, une fois la paix revenue, ont tenté d'oublier, le plus souvent sans y parvenir. Toi, tu n'as jamais voulu. Et ce refus était tel que souvent le temps s'évaporait presque. Tu étais dans ce perpétuel retour, cette perpétuelle fin de nuit, et chaque matin revenait la colère, intacte.

Je me souviens de cette grande exposition, au musée d'Art moderne, à Paris, il y a quelques années, et dont le thème était les années trente, un temps menaçant que toute la peinture européenne reprenait alors à son compte.

Mélancolie, agitation sociale, représentation de la mort étaient là, implacables. Je revois tout particulièrement ce tableau prémonitoire de George Grosz, *L'Agitateur.* On y apercevait un énergumène, bras levés, autour duquel le monde n'était que chaos. Un cauchemar que l'on aimerait désormais impossible.

De ce cauchemar-là, tu ne t'étais sans doute jamais remis, comme tant d'autres, des milliers d'autres, inconnus, perdus dans le vacarme infernal.

J'ai toujours eu peur de l'oubli, cette grande nuit aveugle.

Aujourd'hui, 20 juillet 2000, c'est encore le train 55 que je prends, mais cette fois il ne va pas à Prague, il va à Francfort. Quant à moi, je changerai à Hagondange.

En été, les rives de la Marne ont la nonchalance futile des ports de plaisance. Les bateaux se dandinent, accrochés aux berges aménagées, lesquelles prolongent jardinets et maisons parfois cossues. Sous le ciel encore voilé avant la chaleur moite, c'est presque une toile de Sisley qui se déroule à la vitesse du train. Celui-ci file de plus en plus vite, au point que j'ai du mal à identifier les gares successives. Sauf celle de Chézy.

Je pense à madame Hélène qui, comme chaque année à la belle saison, rince à nouveau son linge dans le Dolloir. Je pense à mon jardin qui n'est plus mon jardin, au chèvrefeuille, au jasmin, aux bambous et aux roses trémières. Je pense à l'homme qui marchait avec moi dans ce jardin.

La prison de Château-Thierry a été endommagée lors de la tempête de décembre. Je l'ai lu il y a peu dans un quotidien. Le journaliste déplorait que les travaux n'aient pas encore abouti, et dénonçait les conséquences pour les prisonniers, des conditions de vie encore aggravées. Si La Fontaine revenait dans sa ville natale, peut-être écrirait-il une fable sur le sujet.

La nature n'a plus cet aspect ravagé qu'elle avait pendant l'hiver. Elle a tout bu, tout avalé. Elle pousse après la tempête avec une force impressionnante. Le long du fleuve, dans les champs, les arbres abattus ne sont plus abandonnés dans le cruel désordre où je les avais vus en février. La plupart sont maintenant alignés, entassés, et cet ordre m'évoque la morne résignation des cimetières militaires, nombreux dans la région, avec leurs croix blanches et anonymes, si sages sous le ciel approbateur. Les champs de bataille ne doivent-ils pas devenir au plus vite des champs d'honneur ?

À Hagondange, je monte dans l'omnibus qui m'emmène à Homécourt. Je retrouve un paysage qu'aucun été radieux ne saurait transformer. Dès Gandrange-Amnéville, la campagne reste inerte sous le ciel bleu. Rombas-Clouange, la rouille et les murs éventrés. Certaines usines désaffectées de Sibérie me reviennent en mémoire. Autre pays, bien sûr, autres paysages aussi, avec des hommes et des femmes qui vivent et meurent, ici, là-bas.

À Homécourt, où j'arrive avant l'heure de mon rendez-vous, je constate que l'hôtel de la Lorraine est ouvert, du moins que l'on sert à boire dans la salle du bas. Tous les étages ont les volets fermés. Je traverse la ville à pied, en pente douce jusqu'à ce pont qui enjambe l'Orne au niveau du chemin de la Noue. Près de chez Clara.

J'aperçois alors le café nommé « La Java ». La salle est modeste, sur le point d'être repeinte, en témoignent les traces claires des cadres décrochés. La patronne est aimable, elle déjeune en solitaire sur l'une des tables. Je m'installe, j'ai du temps. Tout en surveillant la rue paisible, j'ai en tête l'évocation du dancing du même nom dans la revue *Pagus Orniensis*.

C'est là.

J'ouvre une porte et je découvre l'immense piste de danse au parquet lustré, entourée de tables et de chaises désœuvrées. Je vois l'estrade et quelques vestiges de fêtes aux murs. Un silence règne, déjà trop long.

Le dancing ne fonctionne plus depuis des années, me confirme la patronne. C'était une autre époque. Des Italiens et leurs accordéons y embellissaient les dimanches...

L'heure est venue de passer le pont, et de chercher la maison de Clara, sur les berges de l'Orne.

Clara.

L'intimité des vies, leurs épreuves ont toujours une part d'incommunicable. Je ne suis pas venue à la recherche d'informations précises, je suis venue croiser son regard. Elle est ce lien fragile jusqu'à toi, celle à qui je voudrais dédier ce livre.

Elle me prie d'entrer. Il y a, dans l'œil pâle et le timbre affirmé de la voix, une détermination que je reconnais. En peu de phrases, la colère est là, intacte mais retenue. La vie abîmée, les larmes, l'absence, les injustices.

Le 10 mai 1940, bien sûr qu'elle s'en souvient ! C'était même le jour de paye à l'usine, tous les ouvriers étaient là. Il y a eu beaucoup de blessés. La famille qui tenait cantine et qui a trouvé la mort n'était pas italienne mais polonaise. Les Zawadski.

Non seulement Clara parle russe et polonais, mais aussi allemand et italien ! Il y a des vies bousculées qui mélangent les hommes et obligent à l'échange.

Bien sûr, il y a eu les visites dans les prisons, les colis confisqués, les longs silences, les rancœurs. Et le chagrin. Et le père qui ne respirait plus à la fin de sa vie. Ce n'était pas la douleur seulement qui l'étouffait, ni l'asthme, c'était cette garce de mine qui se rappelait à son bon souvenir, des années après.

La mine, Clara y a travaillé deux ou trois ans, elle n'avait pas trente ans et venait de perdre le père de ses deux filles. J'irai la voir plus tard, la mine, du moins ce qu'il en reste.

Clara n'a pas quitté Homécourt. Elle ne sait plus rien de la Pologne, de ceux qui vivent encore là-bas, des amis. Aujourd'hui, quelqu'un manque cruellement à ses côtés, Julia. Sans elle, le temps s'étire. Il faut penser à l'hiver prochain, l'Orne sortira peut-être encore de son lit. La vie est comme ça. On attend toujours quelque chose, quelqu'un.

Rina et Paulette sont mortes, et avec elles le souvenir si doux des rendez-vous.

Le Mondial Palace n'existe plus, il faut aller à Jœuf pour voir un film. Mais il y a la salle Pablo Picasso, où se donnent toutes sortes de spectacles. Le spectacle, c'est le métier de Stéphane, le petit-fils de Clara, qui vient chaque jour lui rendre visite, s'il n'est pas en tournée.

La veille de mon passage, la troupe Yunost de Kiev — des danseurs — s'est produite à Homécourt. La petite communauté ukrainienne de Briey est venue l'applaudir.

Entre Clara et Stéphane, il y a quelque chose de tendre et d'apaisant, comme si toute la fatigue de la vie d'avant, les malheurs avaient trouvé leur maître. Il veille. Avec lui, je fais un parcours sur les traces des diverses adresses de la famille Dojlida à Homécourt : le chemin de la Noue, la rue des Cerisiers, celle des Abattoirs.

Au fond de la rue des Abattoirs, se tenait la Solpa, l'entreprise de charcuterie industrielle où travaillait madame Swiderski. À sa place, maintenant, et tout aussi industrielle, c'est une boulangerie qui exporte jusqu'en Chine.

Au début du chemin de la Noue, quelques mots subsistent sur un mur, dénonçant le projet de fermeture. La route a été refaite, elle a perdu les traces des allées et venues quotidiennes des hommes noirs. Rien n'indique qu'elle mène à la mine, les arbres et la verdure évoquent plutôt une promenade champêtre.

En arrivant sur le site, un dernier et vain « Luttons ! » persiste à l'entrée. La cour, dans laquelle sont exposés quelques vestiges trop propres, est impeccable. Au bout, dans les anciens bureaux, des appartements ont été aménagés, avec des loyers prohibitifs pour Homécourt !

Lorsque nous reprenons le chemin de la Noue, Stéphane se souvient du tournage de *Ville à vendre*, un film de Jean-Pierre Mocky auquel il a participé, à la technique. Un film que je ne connais pas, mais dont le titre a l'amertume de la fin. La fin de la mine et du travail pour les hommes. La fin de l'avenir.

Un autre film a d'ailleurs été tourné à Homécourt, quand les murs des aciéries étaient encore debout : *La Provinciale*. Maintenant, sur le site de l'usine, se dresse un Intermarché.

Il y a parfois cette impression que tout est dérisoire, éphémère, au point d'être improbable. Les choses et les gens disparaissent, les décors changent, et si l'on n'y prend pas garde, ils pourraient bien n'avoir jamais existé. Dans ce court entretien avec Clara, tout redevient présent, comme lorsque tu mélangeais les époques pour n'en garder que l'essentiel, ce qui avait fait la trajectoire de ta vie et qui, d'une certaine façon, a été celle de Clara, de Julia et de Jean.

Lorsque je repars de Homécourt, je sais que ce passé est encore vivant, et me viennent en mémoire ces très belles phrases de Michel Foucault :

Le point le plus intense des vies, celui où se concentre leur énergie, est bien là où elles se heurtent au pouvoir, se débattent avec lui, tentent d'utiliser ses forces ou d'échapper à ses pièges. Les paroles brèves et stridentes qui vont et viennent entre le pouvoir et les existences les plus inessentielles, c'est là sans doute pour celles-ci le seul monument qu'on leur ait jamais accordé ; c'est ce qui leur donne, pour traverser le temps, le peu d'éclat, le bref éclair qui les porte jusqu'à nous.

Juillet 2000

TEXTES CITÉS

Bassani Giorgio, *Une nuit de 43*, in *Les Lunettes d'or et autres histoires de Ferrare*, traduit de l'italien par Michel Arnaud, Gallimard, Paris, 1962

Bauer Charlie, *Fractures d'une vie*, préface de Robert Doisneau, Éditions du Seuil, 1990

Bon François, *Paysage fer*, Verdier, Lagrasse, 2000

Calet Henri, *Les Murs de Fresnes, 1945*, Viviane Hamy, Paris, 1993 (1re édition : Éditions des Quatre Vents, Paris, 1945)

Calet Henri, *Le Tout sur le tout*, Gallimard, « L'Imaginaire », Paris, 2003 (1re édition : Gallimard, Paris, 1948)

Carlier Christian, Spire Juliette, Wasserman Françoise, *Fresnes la prison (Les établissements pénitentiaires de Fresnes : 1895-1990)*, Écomusée de Fresnes, s.d.

Collectif, *Pagus Orniensis*, bulletin périodique de l'association Mémoire du pays de l'Orne (publié depuis 1989)

Courtois Stéphane, Peschanski Denis, Rayski Adam, *Le Sang de l'étranger : les immigrés de la MOI dans la Résistance*, Fayard, Paris, 1989

Deleuze Gilles, *Pourparlers (1972-1990)*, Éditions de Minuit, Paris, 1990

Dumal Alexandre, *Je m'appelle reviens*, Gallimard, « Série noire », Paris, 1995

FOUCAULT Michel, « La vie des hommes infâmes », in *Les Cahiers du chemin n° 29*, 1977 (repris dans *Dits et écrits*, tome III, « Bibliothèque des sciences humaines », Gallimard, Paris, 1994 ; ainsi que dans *Philosophie : anthologie*, Gallimard, « Folio », Paris, 2004)

JANKÉLÉVITCH Vladimir, *Pardonner ?*, in *L'Imprescriptible*, Éditions du Seuil, 1986 (1re édition de *Pardonner ?* : Le Pavillon, Paris, 1971)

PONTY Janine, *Polonais méconnus : histoire des travailleurs immigrés en France dans l'entre-deux-guerres*, Publications de la Sorbonne, Paris, 1988

Dans *Au pied du mur : 765 raisons de détruire toutes les prisons* (ouvrage collectif, L'Insomniaque éditeur, Montreuil-sous-Bois, 2000), on trouve aussi une brève évocation du parcours de Victor Dojlida.

DU MÊME AUTEUR

Chez Sabine Wespieser éditeur

BOLÉRO, 2003

UN CERTAIN FELLONI, 2004

LA PETITE TROTTEUSE, 2005 (Folio n° 4513)

LE CANAPÉ ROUGE, 2007 (Folio n° 4869)

SUR LE SABLE, 2009 (Folio n° 5114)

NINA PAR HASARD, 2010 (première édition : *Le Seuil*, 2001) (Folio n° 5309)

UN LAC IMMENSE ET BLANC, 2011 (Folio n° 5539)

VICTOR DOJLIDA, UNE VIE DANS L'OMBRE, 2013 (première édition : *Noésis*, 2001) (Folio n° 5774)

ÉCOUTE LA PLUIE, 2013 (Folio n° 5773)

Chez d'autres éditeurs

LA BELLE INUTILE, *Le Rocher*, 1991

UN HOMME ASSIS, *Manya*, 1993 (coll. *Librio* 2000)

UNE SIMPLE CHUTE, *Actes Sud*, coll. Babel noir, 1997

QUE LA NUIT DEMEURE, *Actes Sud*, coll. Babel noir, 1999

DISPARITIONS BUCOLIQUES, avec Gianni Burattoni, *Gallimard*, coll. Le Promeneur, 2010

MAIS D'OÙ VENEZ-VOUS ?, avec Sylvie Granotier, *Le Seuil*, 2010

OÙ SONT LES ARBRES ?, dessins de Gianni Burattoni, *Circa 1924*, 2013

COLLECTION FOLIO

Dernières parutions

5586. Sylvain Tesson — *Dans les forêts de Sibérie*
5587. Mario Vargas Llosa — *Le rêve du Celte*
5588. Martin Amis — *La veuve enceinte*
5589. Saint Augustin — *L'Aventure de l'esprit*
5590. Anonyme — *Le brahmane et le pot de farine*
5591. Simone Weil — *Pensées sans ordre concernant l'amour de Dieu*
5592. Xun zi — *Traité sur le Ciel*
5593. Philippe Bordas — *Forcenés*
5594. Dermot Bolger — *Une seconde vie*
5595. Chochana Boukhobza — *Fureur*
5596. Chico Buarque — *Quand je sortirai d'ici*
5597. Patrick Chamoiseau — *Le papillon et la lumière*
5598. Régis Debray — *Éloge des frontières*
5599. Alexandre Duval-Stalla — *Claude Monet - Georges Clemenceau : une histoire, deux caractères*
5600. Nicolas Fargues — *La ligne de courtoisie*
5601. Paul Fournel — *La liseuse*
5602. Vénus Khoury-Ghata — *Le facteur des Abruzzes*
5603. Tuomas Kyrö — *Les tribulations d'un lapin en Laponie*
5605. Philippe Sollers — *L'Éclaircie*
5606. Collectif — *Un oui pour la vie ?*
5607. Éric Fottorino — *Petit éloge du Tour de France*
5608. E.T.A. Hoffmann — *Ignace Denner*
5608. Frédéric Martinez — *Petit éloge des vacances*
5610. Sylvia Plath — *Dimanche chez les Minton et autres nouvelles*
5611. Lucien — *« Sur des aventures que je n'ai pas eues ». Histoire véritable*

5612. Julian Barnes — *Une histoire du monde en dix chapitres ½*
5613. Raphaël Confiant — *Le gouverneur des dés*
5614. Gisèle Pineau — *Cent vies et des poussières*
5615. Nerval — *Sylvie*
5616. Salim Bachi — *Le chien d'Ulysse*
5617. Albert Camus — *Carnets I*
5618. Albert Camus — *Carnets II*
5619. Albert Camus — *Carnets III*
5620. Albert Camus — *Journaux de voyage*
5621. Paula Fox — *L'hiver le plus froid*
5622. Jérôme Garcin — *Galops*
5623. François Garde — *Ce qu'il advint du sauvage blanc*
5624. Franz-Olivier Giesbert — *Dieu, ma mère et moi*
5625. Emmanuelle Guattari — *La petite Borde*
5626. Nathalie Léger — *Supplément à la vie de Barbara Loden*
5627. Herta Müller — *Animal du cœur*
5628. J.-B. Pontalis — *Avant*
5629. Bernhard Schlink — *Mensonges d'été*
5630. William Styron — *À tombeau ouvert*
5631. Boccace — *Le Décaméron. Première journée*
5632. Isaac Babel — *Une soirée chez l'impératrice*
5633. Saul Bellow — *Un futur père*
5634. Belinda Cannone — *Petit éloge du désir*
5635. Collectif — *Faites vos jeux !*
5636. Collectif — *Jouons encore avec les mots*
5637. Denis Diderot — *Sur les femmes*
5638. Elsa Marpeau — *Petit éloge des brunes*
5639. Edgar Allan Poe — *Le sphinx*
5640. Virginia Woolf — *Le quatuor à cordes*
5641. James Joyce — *Ulysse*
5642. Stefan Zweig — *Nouvelle du jeu d'échecs*
5643. Stefan Zweig — *Amok*
5644. Patrick Chamoiseau — *L'empreinte à Crusoé*
5645. Jonathan Coe — *Désaccords imparfaits*
5646. Didier Daeninckx — *Le Banquet des Affamés*

5647.	Marc Dugain	*Avenue des Géants*
5649.	Sempé-Goscinny	*Le Petit Nicolas, c'est Noël !*
5650.	Joseph Kessel	*Avec les Alcooliques Anonymes*
5651.	Nathalie Kuperman	*Les raisons de mon crime*
5652.	Cesare Pavese	*Le métier de vivre*
5653.	Jean Rouaud	*Une façon de chanter*
5654.	Salman Rushdie	*Joseph Anton*
5655.	Lee Seug-U	*Ici comme ailleurs*
5656.	Tahar Ben Jelloun	*Lettre à Matisse*
5657.	Violette Leduc	*Thérèse et Isabelle*
5658.	Stefan Zweig	*Angoisses*
5659.	Raphaël Confiant	*Rue des Syriens*
5660.	Henri Barbusse	*Le feu*
5661.	Stefan Zweig	*Vingt-quatre heures de la vie d'une femme*
5662.	M. Abouet/C. Oubrerie	*Aya de Yopougon, 1*
5663.	M. Abouet/C. Oubrerie	*Aya de Yopougon, 2*
5664.	Baru	*Fais péter les basses, Bruno !*
5665.	William S. Burroughs/ Jack Kerouac	*Et les hippopotames ont bouilli vifs dans leurs piscines*
5666.	Italo Calvino	*Cosmicomics, récits anciens et nouveaux*
5667.	Italo Calvino	*Le château des destins croisés*
5668.	Italo Calvino	*La journée d'un scrutateur*
5669.	Italo Calvino	*La spéculation immobilière*
5670.	Arthur Dreyfus	*Belle Famille*
5671.	Erri De Luca	*Et il dit*
5672.	Robert M. Edsel	*Monuments Men*
5673.	Dave Eggers	*Zeitoun*
5674.	Jean Giono	*Écrits pacifistes*
5675.	Philippe Le Guillou	*Le pont des anges*
5676.	Francesca Melandri	*Eva dort*
5677.	Jean-Noël Pancrazi	*La montagne*
5678.	Pascal Quignard	*Les solidarités mystérieuses*
5679.	Leïb Rochman	*À pas aveugles de par le monde*
5680.	Anne Wiazemsky	*Une année studieuse*

Composition Nord Compo
Impression Novoprint
à Barcelone, le 3 avril 2014
Dépôt légal : avril 2014

ISBN 978-2-07-045443-3./Imprimé en Espagne.

254621